U0355996

社会资本视阈下农产品区域公用品牌协同治理研究

高　磊　著

燕山大学出版社
·秦皇岛·

图书在版编目（CIP）数据

　　社会资本视阈下农产品区域公用品牌协同治理研究/高磊著.—秦皇岛:燕山大学出版社,
2022.6

　　ISBN 978-7-5761-0366-3

　　Ⅰ.①社… Ⅱ.①高… Ⅲ.①坚果－农产品－品牌战略－研究－中国 Ⅳ.①F326.13

　　中国版本图书馆 CIP 数据核字(2022)第 096780 号

社会资本视阈下农产品区域公用品牌协同治理研究

高　磊　著

出 版 人:陈　玉		
责任编辑:张岳洪	策划编辑:张岳洪	
责任印制:吴　波	封面设计:吴　波	
出版发行:燕山大学出版社 YANSHAN UNIVERSITY PRESS	地　　址:河北省秦皇岛市河北大街西段 438 号	
邮政编码:066004	电　　话:0335-8387555	
印　　刷:英格拉姆印刷(固安)有限公司	经　　销:全国新华书店	

尺　　寸:170 mm×240 mm　16 开	印　　张:11
版　　次:2022 年 6 月第 1 版	印　　次:2022 年 6 月第 1 次印刷
书　　号:ISBN 978-7-5761-0366-3	字　　数:210 千字
定　　价:46.00 元	

版权所有　侵权必究
如发生印刷、装订质量问题,读者可与出版社联系调换
联系电话:0335-8387718

序　言

　　党的十九大报告中所提到的"质量变革、动力变革、效率变革",最终落脚到效率的提升上,而效率的提升是经济实现可持续增长和高质量发展的重要动力。生产率作为决定一国经济增长质量与效率的关键因素,经济高质量发展的本质与核心即是不断提升全要素生产率。在以创新竞争为核心的现代市场经济条件下,品牌已成为继土地、劳动力、资本等传统要素后,与技术、管理、制度等新要素同等重要的战略性资源。

　　从本质上讲,品牌具有"质量"与"诚信"两个最根本的属性。"质量"是品牌的生命之根。品牌质量从本质上反映了一个国家的科技水平和人才水平,是决定一个企业、产业乃至国家竞争优势最重要的因素。品牌强国战略是创新驱动强国战略、科技强国战略和人才强国战略的综合体现。"诚信"是品牌的发展之源。品牌诚信从本质上反映了一个国家的信用体系和市场经济契约关系。品牌强国战略是通过品牌建设,建立健全市场契约关系,使社会主义市场经济走上更公平、更正义的法制化轨道,这也是一个现代市场的基本需要。农业产业作为国民经济的重要组成部分,一直以来受到党和国家的高度重视。当前,我国农业产业正处于转型升级的关键时期,供给侧结构性改革任务繁重,而农产品区域品牌作为农业产业集群生命发展周期中的一种高级形态,是激发市场活力、提高供给侧的适应性与灵活性、促进产业进一步升级和发展、形成农业产业发展竞争优势的重要战略举措。

　　着力实施品牌发展战略,加快农产品区域品牌建设,充分发挥农产品区域品牌引领作用,推动农业产业供需结构升级是农业产业高质量发展的必然选择。《中共中央、国务院关于实施乡村振兴战略的意见》《乡村振兴战略规划》《特色农产品优势区建设规划纲要》和"中央一号文件"等国家级文件多次明确指出,要充分发挥品牌引领作用,形成推动农产品区域公用品牌建设与保护的长效机制,促进产业提质增效,提升农业竞争力,促进农民增收致富,助力乡村振兴。

　　高磊博士所著的《社会资本视阈下农产品区域公用品牌协同治理研究》是在中国林产坚果这一特色农产品自身特点的基础上,在社会资本理论、协同理论和利益相关者理论的指导下,分析了由利益相关者构成的社会网络关系在农产品区域品牌协同治理中的作用机理。比较充分地体现了农产品区域品牌治理的时代特点和当今协同型组织的实践特点。研究结论对于提高农产品区域品牌协同治理水平和

1

提升农产品区域品牌效应都具有重要的意义,也能为特色经济林区域品牌协同治理制定科学、合理、有效的决策提供指导作用。

同时,该专著遵循"理论—实践—理论"的逻辑,借助嵌入式案例分析,将理论和实践紧密结合,为读者提高理论联系实际的能力提供了科学的指导。

国务院学位委员会农林经济管理学科评议组成员

北京林业大学原校长、教授、博导

宋维明

2022 年 6 月 10 日

前　　言

　　林产坚果作为重要的高经济价值农产品,其在我国特色经济林总产值中的占比逐年增加,2019 年产值已达到 2500 亿元人民币。林产坚果产业的高质量发展对于落实乡村振兴战略、探求巩固脱贫攻坚的长效机制、破解农民增收难题均具有重要现实意义。区域公用品牌建设是在林产坚果产业实现规模化、标准化、产业化和市场化过程中的必然选择。但目前在林产坚果区域品牌建设实践过程中,由于产业内利益相关主体规模小、集约化能力不足和主体间关系复杂等原因,导致林产坚果区域品牌疏于治理,从而造成某些林产坚果种植与加工主体的"搭便车"行为时有发生,严重影响林产坚果区域品牌效应提升。因此,有必要从利益相关者及其组成的社会网络关系视角探讨林产坚果区域品牌效应提升的作用机理,进而为我国农产品区域公用品牌建设水平的提高提供理论参考。

　　本研究结合中国林产坚果产业自身特点,分析由利益相关者构成的社会网络关系在林产坚果区域品牌协同治理中的作用机理。研究首先基于利益相关者理论和社会网络理论,分析林产坚果区域品牌关键利益相关者及其构成的社会网络的关系特征。其次通过对样本林产坚果区域品牌的协同治理活动进行全面系统的探索性分析,厘清林产坚果区域品牌协同治理的内容、模式和条件,进一步阐释利益相关者构成的社会网络关系在林产坚果区域品牌协同治理活动中的作用,并提出初始模型和初始命题。然后在探索性案例分析和理论分析的基础上,借鉴 S-C-P 范式提出"社会网络关系、协同治理对林产坚果区域品牌效应提升"的概念模型与研究假设,并基于调查问卷和访谈数据,选用因子分析、多元回归和中介效应检验等方法探究社会网络关系对林产坚果区域品牌协同治理和区域品牌效应提升的影响,揭示林产坚果区域品牌协同治理在社会网络关系与区域品牌效应提升中的中介效应。最后,通过构建林产坚果区域品牌协同治理的系统动力学模型,同时结合嵌入性案例分析,解析了林产坚果区域品牌协同治理效应产生与演化机理,在研究结论的基础上提出农产品区域公用品牌效应提升对策。研究发现:

　　(1)林产坚果区域品牌利益相关者的角色及其构成的社会网络关系具有明显的动态性与开放性特征。林产坚果区域品牌除了具有利益相关者规模小和多元性特征以外,也表现出在区域品牌治理活动中的角色随着利益相关者群体间的熟悉程度和品牌建设任务的改变而发生变化,进而导致由利益相关者构成的社会网络关系的紧密程度、关系质量和关系持久性的变化。进一步分析发现,利益相关者构成的社会网络关系在林产坚果区域品牌创建发展过程中表现出自组织特征,在利益相关者间资源交互的基础上该社会网络关系结构是开放且动态变化的,并受到利益相关者间熟悉程度的影响。

(2)林产坚果区域品牌的协同治理活动内容主要包括任务治理与组织治理两个方面,并且随着利益相关者在林产坚果区域品牌协同治理活动的推进,形成了产品创新网络和营销创新网络两个社会网络关系。本研究通过探索性案例研究发现,林产坚果区域品牌协同治理实现路径主要有两条,即以政府为主导的自上而下的协同治理路径和以种植加工企业为代表的市场主体主导下的自下而上的协同治理路径。林产坚果区域品牌协同治理作为嵌入社会网络中的经济行为,受利益相关者之间资源交互与情感交流的双重影响,因此,林产坚果区域品牌利益相关者协同治理的实现并非完全基于正式契约,也包括在互惠互利基础上的关系契约。

(3)由利益相关者构成的产品创新网络关系、营销创新网络关系与协同治理(契约治理和关系治理)和林产坚果区域品牌效应提升具有显著的正相关关系。契约治理与关系治理在“社会网络关系——林产坚果区域品牌效应提升”中都充当了中介的作用。通过比较协同治理初期和经验期多元回归系数的变化可知,利益相关者产品创新网络关系对契约治理、关系治理和协同应的影响程度随时间演进而增加。而利益相关者营销创新网络关系对契约治理、关系治理和林产坚果区域品牌效应提升的影响程度随时间演进而降低。

(4)将协同学“熵”的概念引入系统动力学方程解析了林产坚果区域品牌协同治理效应产生与演化机理,同时结合嵌入性案例研究,进一步证明了社会网络关系质量提升可以在较长区间内保持较高的林产坚果区域品牌效应。

基于研究成果提出了农产品区域公用品牌效应提升的对策,具体包括:农产品区域公用品牌协同治理应该从利益相关者社会网络关系治理和区域品牌任务治理实现两个方面展开;重视农产品区域公用品牌利益相关者网络化管理;明确农产品区域公用品牌协同治理主体的权责;加快构建农产品区域公用品牌协同治理的激励机制;建立常态化的农产品区域公用品牌协同治理机制。

高磊

2022 年 6 月 1 日

目　　录

第一章　绪论

第二章　理论基础与文献综述

第三章　林产坚果区域品牌的社会网络关系

第四章　社会网络关系在林产坚果区域品牌协同治理中的作用机理

第五章　社会网络关系对林产坚果区域品牌效应
提升模型构建

第六章　社会网络关系对林产坚果区域品牌效应
提升的实证分析

第七章　农产品区域公用品牌效应提升对策

第八章　研究结论、不足与展望

第一章　绪论

一、研究背景和问题提出

（一）研究背景

林业产业在我国乡村振兴与脱贫攻坚中发挥了巨大作用（宋维明和杨超，2020）。全国林业产业带动5200多万人就业，带动300多万贫困人口稳定增收或脱贫。山区贫困人口纯收入的20％左右来自特色经济林产品种植与采集，重点地区超过50％。林业产业已成为许多地方经济发展和农民增收的支柱产业。据统计，2019年全国特色经济林产品种植与采集产值达到2万亿元，占林业第一产业产值的比重超过50％，其中，林产坚果类产值达到2500亿元，其占比仅次于林产水果，是公认的高经济价值农产品。消费升级的到来，为林产坚果产业的发展带来了更广阔的市场前景。我国的板栗、核桃和苦杏仁产量在世界上都居于前列，其中苦杏仁产量位居世界第一，核桃的产量仅次于美国居世界第二位。此外，我国的榛子、扁桃和开心果等林产坚果也有一定的产量（张晓梅和董姝琪，2019）。因此，增加以林产坚果为代表的经济林产品生产供给，为市场提供天然、营养、安全和高品质的林产品，既能够满足消费升级背景下居民对高品质林产品的消费需求，又能够有效提高农民的收入水平，促进农村经济可持续发展。

从产业化发展的角度来看，林产坚果产业从传统向现代的转变过程中，需要不断促进其发展的规模化、标准化、产业化和市场化。提高林产坚果产业在激烈的市场环境中的综合竞争力，重要手段之一就是大力构建发展强势林产坚果区域品牌（伊红德，2018；宁攸凉等，2021）。通过林产坚果区域品牌的效应带动区域产业向规模经济与范围经济发展（王兴元和朱强，2017），进而实现在提高林产坚果产品竞争力的同时，提升当地林产坚果产业的"双循环"建设水平（陈林，2021；郭先登，2021），促进区域经济可持续发展。国际上很多成功的案例和经验已经充分证明，通过发展林产坚果区域品牌，既能满足不断升级的消费需求，又能促进经济林产业结构的优化升级（宋琦媛和耿玉德，2021）。

开展林产坚果区域品牌建设，也得到了相关政策的支持。截至目前，包括《中共中央 国务院关于实施乡村振兴战略的意见》《乡村振兴战略规划》和《特色农产品优势区建设规划纲要》等在内的部门规章25条，行政法规34条，各部委条文超过了600条。其中，中共中央、国务院自2012年起，所颁布的"中央一号文件"中，除2014年外，每年都将发展农产品区域公用品牌作为重要内容在文件中重点提出。2017 年原国家林业局为着力实施品牌发展战略,加快林业品牌建设,专门成立了林业品牌工作领导小组,并先后印发了《国家林业局关于加强林业品牌建设的指导意见》《林业品牌建设与保护行动计划(2017—2020 年)》。2019 年中国品牌建设促进会发布了《关于开展 2019 年林业品牌价值评价工作的通知》。2020 年国家林业和草原局与农业农村部、国家发改委和财政部等共同印发了《中国特色农产品优势区管理办法(试行)》等品牌建设专项文件。以上文件均明确指出要充分发挥品牌引领作用,形成推动农产品区域公用品牌建设与保护的长效机制,促进产业提质增效,提升农业竞争力,促进农民增收致富,助力乡村振兴。

农产品区域公用品牌属于公共品牌,其在创建投入、使用、收益、处置及运营管理等方面由全体利益相关者进行共同治理(王兴元和张鹏,2012;熊爱华和邢夏子,2017)。虽然,目前我国已经确定了地理标志品牌、特色农产品优势区品牌和特色生态林产品品牌等与林产坚果区域品牌相关的评定体系,但是地理标志品牌、特色农产品优势区品牌和特色生态林产品品牌等只是政府引导下的区域品牌,并不代表区域品牌全体,市场当中还存在大量的非政府主体引导下的区域品牌(刘丽,2016)。除此之外,由于作为区域品牌载体的"产品"自身的异质性特征,使区域品牌培育工作表现出明显的产品之间或行业之间的差异性。通过调研还发现,在林产坚果区域品牌建设实践过程中,由于利益相关主体规模小、集约化能力不足和主体间社会关系复杂等原因,导致林产坚果区域品牌疏于治理,进而造成"搭便车"的现象时有发生,致使品牌效应提升不明显。那么,如何实现基于林产坚果产业的区域品牌治理?此外,林产坚果区域品牌的利益相关者间复杂的社会关系是如何表现的?这种复杂的社会关系又是怎么影响林产坚果区域品牌协同治理的?更重要的是,林产坚果区域品牌关键利益相关者的协同治理行为,是否可以对林产坚果区域品牌的效应提升产生正向作用?对这些问题的回答不仅关乎林产坚果区域品牌创建工作的顺利开展,更关系到当地林产坚果产业内广大农户增加收入、企业增加利润和区域经济的可持续发展。

显然,对上述问题需要从林产坚果区域品牌利益相关者协同治理行为及其社会网络关系的分析中寻求答案。而社会网络关系作为社会资本的重要维度(蔡起华和朱玉春,2017),利益相关者可以在个体或集体行动中获得和利用嵌入在社会网络关系中的资源(李明贤和周蓉,2018;李朝柱等,2020)。因此,本研究从林产坚果产业发展实际出发,借鉴社会资本理论、网络理论、协同理论、利益相关者理论和公共物品理论等,首先对林产坚果区域品牌利益相关者及其构成的社会网络关系进行分析,再通过探索性案例分析方法对林产坚果区域品牌协同治理活动及社会网络表现进行分析,然后在 S-C-P 范式("结构(Structure)-行为(Conduct)-绩效(Performance)"范式)下,构建了"社会网络关系、协同治理对林产坚果区域品牌效应提升"的理论模型,探究社会网络关系对林产坚果区域品牌协同治理和区域品牌效应提升的影响,揭示林产坚果区域品牌协同治理在社会网络关系与区域品牌效应提升中的中介效应,进而从社会资本视角探索林产坚果区域品牌效应提升的作用机理并提出治理对策,为农产品区域公用品牌可持续发展提供理论依据。

（二）问题提出

在本书的研究情景中,提出的科学问题是:

第一,林产坚果区域品牌社会网络关系是如何形成的?

学者们对"利益相关者共同构成了区域品牌生态系统"这一观点已经达成共识（王兴元,2004;张燚等,2013;许晖等,2019）,该系统具有形成过程动态性和不确定性、参与人员分散性和多样性,表现出复杂的社会化特征,这些特征导致了人们对区域品牌利益相关者构成的社会网络关系缺少清楚和完整的认识。如何利用规范的分析工具对林产坚果区域品牌利益相关者构成的社会网络关系进行分析是后续协同治理研究的前提,也是研究要解决的科学问题之一。

第二,林产坚果区域品牌协同治理的内在机理是什么?

林产坚果区域品牌作为一个公共品牌具有明显的多主体参与性,那么,现实中其协同治理的内容、模式与条件又是什么? 要解决这一问题,需要运用社会学、管理学、组织行为学和品牌生态学的融合知识,对林产坚果区域品牌协同治理涉及的主体、变量,以及各变量之间的相互作用进行分析。如何通过理论分析和实证工具来剖析社会网络关系视角下林产坚果区域品牌协同治理活动的机理是本研究要解决的科学问题之二。

第三,林产坚果区域品牌效应提升的作用机理是什么?

社会网络关系背景下林产坚果区域品牌协同治理模式是否也随社会网络关系的变化而发生变化? 如果有变化,其变化趋势是什么? 想要解决这一问题,需要将林产坚果区域品牌协同治理活动置于不同的时期,对比基于社会网络关系的协同治理对林产坚果区域品牌效应提升的影响。因此,将时间变量纳入其中,进而科学、合理地分析社会网络关系对林产坚果区域品牌效应提升的作用机理是本研究要解决的科学问题之三。

二、研究目的与研究意义

（一）研究目的

本研究聚焦中国林产坚果产业自身特点,在利益相关者理论、社会网络理论、协同理论和 S-C-P 范式的基础上,构建"社会网络关系、协同治理对林产坚果区域品牌效应提升"的理论研究框架,并基于调研数据,运用社会网络分析法、扎根分析法、多案例研究分析法、多元回归分析法和系统动力学模型构建等实证分析方法,对林产坚果产业区域品牌社会网络关系的样态和演化模式及其对林产坚果区域品牌效应提升的作用机理开展实证分析。本研究的核心目的是：借鉴相关理论成果，利用定性分析与定量分析相结合的方法，深度探讨基于社会网络关系的协同治理对林产坚果区域品牌效应提升的作用机理，进而为农产品区域公用品牌建设促进机制的建立提供理论参考。

本研究的具体目标如下：第一，分析出林产坚果区域品牌利益相关者构成的社会网络关系的特征。包括基于利益相关者理论和社会网络理论，分析林产坚果区域品牌关键利益相关者及其构成的社会网络的关系与结构特征。第二，分析林产坚果区域品牌协同治理活动的内容、模式和条件。通过对样本林产坚果区域品牌协同治理活动进行全面系统的探索性分析，明晰林产坚果区域品牌协同治理的内容、模式和条件，并提出初始模型和初始命题。第三，分析社会网络关系下的协同治理对林产坚果区域品牌效应提升的作用机理。在探索性案例分析和理论分析的基础上，基于调查问卷和访谈数据对社会网络关系和协同治理对林产坚果区域品牌效应提升的作用机理进行实证研究，验证假设得出结论。第四，通过构建林产坚果区域品牌协同治理的系统动力学模型，同时结合嵌入型案例分析，解析林产坚果区域品牌协同治理效应产生与演化机理，在研究结论的基础上提出农产品区域公用品牌协同治理的完善对策。

（二）研究意义

1. 理论意义

社会网络关系视角下协同治理对林产坚果区域品牌效应提升研究属于协同学、管理学和经济学等多学科融合的研究问题。本研究对社会网络关系视角下协同治理对林产坚果区域品牌效应提升的内在机理进行了分析，完善了社会网络关系视角下的区域品牌协同治理理论体系，同时丰富了品牌相关领域的研究成果。研究结论有望拓展社会网络理论和 S-C-P 范式在区域公用品牌治理领域的延伸。

2. 实践意义

作为特色经济林产品重要组成部分的林产坚果产业，其区域品牌效应的提升关系着山区农民增收、林产坚果产业结构调整和区域经济的可持续发展。本书中对于社会网络关系视角下协同治理对林产坚果区域品牌效应提升的若干关键性问题的提出，都是基于林产坚果区域品牌利益相关者关系场景和协同治理活动相关的实际问题。分析过程可以基本反映实际情况，研究结论对于提高林产坚果区域品牌协同治理水平和提升林产坚果区域品牌效应都具有重要的意义，也为特色经济林产坚果区域品牌协同治理制定科学、合理、有效的决策提供指导作用。

三、研究内容

在分析国内外林产坚果区域品牌协同治理相关文献的基础上，本书扎根于一般林产坚果区域品牌情境,对林产坚果区域品牌协同治理开展研究,在社会网络关系视角下,围绕社会网络关系和协同治理对林产坚果区域品牌效应提升的发展机理开展研究。在撰写方面,本书共分为八章进行阐述。其中第三至第七章为核心章节。具体研究内容如下:

第一章:绪论。本章主要介绍本书的研究背景和意义,研究的主要内容和逻辑结构,详细介绍了本书的研究方法与技术路线,并阐释了研究逻辑框架和主要创新点。

第二章:理论基础与文献综述。本章主要对与林产坚果区域品牌研究相关的概念、理论和国内外相关文献进行了回顾、总结,并评述现有研究成果与不足。

第三章:林产坚果区域品牌的社会网络关系。本章基于利益相关者理论、协同理论和社会网络理论,首先基于文献和 Mitchell 三分类评分法对林产坚果区域品牌利益相关者进行分析,然后在利益相关者分析结果的基础上,构建林产坚果区域品牌利益相关者关系图谱,并通过 UCIENT 6.0 软件对林产坚果区域品牌社会网络关系开展实证分析,揭示林产坚果区域品牌利益相关者角色与关系的演化特征。

第四章:社会网络关系在林产坚果区域品牌协同治理中的作用机理。基于相关理论研究,选择七个具有代表性的林产坚果区域品牌为研究样本,结合扎根理论分析和多案例分析方法开展探索性案例分析。目的在于通过对所获取的一、二手数据资料进行三级编码,探究社会网络关系在林产坚果区域品牌协同治理过程中的作用及其内在机理。在此基础上,提出本研究的初始理论框架和初始命题,为后期协同治理作用下林产坚果区域品牌效应提升的研究奠定基础。

第五章:社会网络关系对林产坚果区域品牌效应提升模型构建。本章将结合现有与本研究相关的理论和实践研究成果,对第四章提出的初始命题进行完善。首先基于 S-C-P 范式提出"社会网络关系、协同治理对林产坚果区域品牌效应提升"的理论模型,再通过理论阐述与规范性分析的方法对上述理论模型进行修正和完善,最后提出用于实证检验的林产坚果区域品牌利益相关者协同效应概念模型及细化的研究假设。

第六章:社会网络关系对林产坚果区域品牌效应提升的实证分析。本章将基于问卷调查所获得的有效数据,利用相关统计分析软件(SPSS 22.0 和 AMOS 23.0)开展社会网络关系对林产坚果区域品牌效应提升的实证分析。首先对获取的问卷数据开展探索性因子分析与验证性因子分析,以此确定研究量表的信度与效度,然后再检验"社会网络关系、协同治理对林产坚果区域品牌效应提升"概念模型的有效性,验证第五章提出的相关研究假设。

第七章:农产品区域公用品牌效应提升对策。本章首先基于第三至六章的研究结论,从协同学角度构建林产坚果区域品牌协同治理的系统动力学模型,解析林产坚果区域品牌效应提升作用的产生与演化机理；然后，以山东皇华榛子区域品牌协同治理的发展经验，从利益相关者表现和构成的社会网络关系表现等方面对前面章节的研究结果进行现实检验；最后，在研究结论的基础上提出农产品区域公用品牌效应提升对策。

第八章：研究结论、不足与展望。总结本研究主要结论、不足与展望。

四、研究方法与技术路线

（一）研究方法

本研究以社会资本理论、协同治理理论、社会网络理论、利益相关者理论和公共物品理论为基础，综合运用理论分析、社会网络分析、扎根分析、案例研究、深度访谈和统计分析等定性分析与定量分析的方法和工具研究上文提出的三个科学问题。具体研究方法和工具如下：

（1）理论分析法。系统总结现有理论成果，分析林产坚果区域品牌协同治理活动及其社会网络关系结构的复杂性，剖析利益相关者协同关系形成的内在机理。

（2）深度访谈法和调查问卷。为了实现对林产坚果区域品牌社会网络关系和林产坚果区域品牌协同治理活动的研究，通过访谈、实地调研和网络发放等方式进行问卷调查，收集一手数据，为研究提供数据支撑。通过调研获取关系数据，构建"社会网络关系、协同治理对林产坚果区域品牌效应提升"作用机理的初始研究模型和初始命题。

（3）社会网络分析法。该方法是一种基于"网络"而非"群体"的社会组织形式，是由社会学家根据数学方法、图论等发展起来的定量分析方法。以行动者（节点）及其构成的网络关系作为研究内容，通过对行动者（节点）之间的关系样态表现进行研究，探究这些样态表现所蕴含的网络结构及其对行动者（节点）和整个网络的影响。第三章将利用社会网络分析法探讨林产坚果区域品牌的社会网络关系结构，识别关键主体（节点）及其在协同治理过程中扮演的角色与功能。

（4）扎根理论分析法与案例研究法。由于本研究是对林产坚果区域品牌协同治理的探索性研究，满足选用定性研究的方法开展路径研究的目的需要，因此，本书选择了定性研究中的扎根理论分析法与案例研究法。扎根理论分析法是运用最为广泛的定性研究方法之一，比较适合于那些理论解释或者现有理论解释不够充分的研究。本研究第四章将依据对样本林产坚果区域品牌协同治理活动的深度访谈与相关文献资料进行"三级编码"，深入探讨社会网络关系视角下林产坚果区域品牌协同治理活动的内在机理，提出初始理论模型和初始命题。第七章则通过嵌入式案例研究的方式验证文章结论。

（5）统计分析方法。基于问卷调查获得的有效数据，利用相关统计分析软件

(SPSS 22.0 和 AMOS 23.0),进行因子分析、回归分析和中介效应检验等,在此基础上,实现对"社会网络关系、协同治理对林产坚果区域品牌效应提升"的概念模型和研究假设进行检验。

(6)系统动力学分析方法。该方法是在系统理论的基础上,利用计算机仿真技术解释实际生活中的复杂问题。本研究第七章在第三至六章研究结论的基础上,通过构建林产坚果区域品牌协同治理的系统动力学模型,进一步从系统角度解析了林产坚果区域品牌协同治理效应产生与演化机理,在研究结论的基础上提出林产坚果区域品牌协同治理的完善对策。

(二)研究思路与技术路线

本研究按照"提出问题—分析问题—解决问题"的研究逻辑,通过对国内外相关文献的深入研究,结合探索性案例研究的结果,将S-C-P范式引入林产坚果区域品牌利益相关者协同治理的情境中,结合社会网络、协同学和联盟治理等理论,提出本研究的理论框架。

基于此,本研究围绕"如何提升林产坚果区域品牌效应"这一具体目标,从一般现象分析入手,在利益相关者理论、社会网络理论、协同理论和S-C-P范式的指导下,基于林产坚果区域品牌的社会网络关系结构现状,对林产坚果区域品牌协同治理的模式及其对区域品牌效应提升作用机理进行探讨。本研究主体研究逻辑框架如下(如图1.1所示):

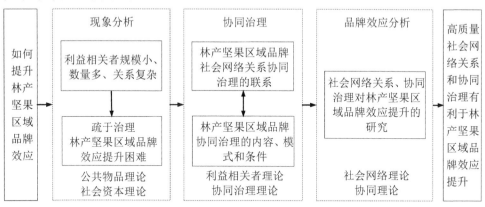

图 1.1　研究逻辑结构图

利用图书馆资源,通过对现有国内国外期刊数据库进行文献检索,对与本研究主题有关的文献资料进行分析,深入学习相关理论现状和发展趋势,合理借鉴与本研究相关的研究成果,紧密结合林产坚果区域品牌协同治理实践和国家品牌强国战略背景,采用社会网络分析、扎根理论、案例分析、因子分析和系统动力学模型构建等方法,对社会网络关系和协同治理对林产坚果区域品牌效应提升的作用机理进行深入探讨。本研究将按照如图1.2所示的"技术路线"开展具体的研究工作。

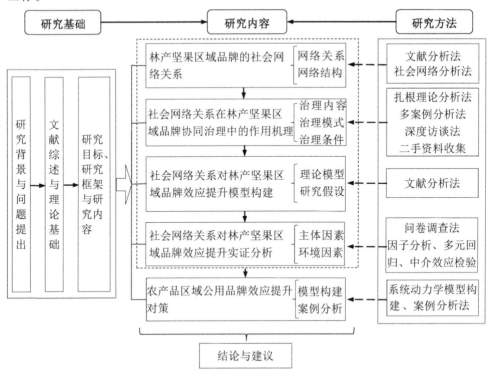

图 1.2 技术路线图

五、研究创新

虽然农林产品区域品牌的相关研究已经取得丰硕的成果,但以往研究基本都是基于单一主体或多主体合作的视角开展研究,缺乏从社会网络关系水平与网络结构变化可能引起区域品牌协同治理形式与区域品牌效应变化的研究,同时大多研究仅关注林产区域品牌的创建,却忽略其后期管理的研究。本书正是基于上述考虑,探讨社会网络关系和协同治理对林产坚果区域品牌效应提升的作用机理,可能的创新之处主要体现在以下几个方面:

第一,将研究的分析框架进行了拓展,提出了创新性的研究思路。本研究的理论分析框架是在探索性案例分析和理论分析的双分析基础上进行的构建,该方法增强了本研究理论框架的科学性。同时,创新性地将S-C-P范式和社会网络理论引入区域品牌的研究,从传统的基于外部环境的多主体参与下的区域品牌创建的研究转向基于利益相关者构成的社会组织的内部网络关系视角下的林产坚果区域品牌协同治理的研究,增强了研究的逻辑性与关联性。提出"社会网络关系—协同治理—林产坚果区域品牌效应提升"这一全新研究思路,该研究思路突破了现有关

8

于区域品牌相关问题研究的局限,具有研究思路上的创新性。

第二,本书将研究内容进一步聚焦于林产坚果区域品牌的管理活动。在研究内容的聚焦方面,本书从构成区域品牌的产品、区域和品牌的三要素出发,将研究内容聚焦于林产坚果区域品牌效应提升问题的研究中,从传统的基于营销理论的一般区域品牌研究转向基于林产坚果产业的区域品牌协同治理的研究,增强了研究的行业性和在林业产业的推广可能性。

第三,研究方法的应用层面具有创新性。本研究借鉴了国内外学者相关研究成果,结合研究主题及内容安排,将质性研究(扎根理论分析、多案例研究、专家访谈等)与量化研究(综合评价法、社会网络分析法、因子分析法、多元回归分析和系统动力学模型构建等)相结合,增强了对基于社会资本理论的协同治理对林产坚果区域品牌效应提升的作用机理研究的准确性,在研究方法的应用方面具有创新性。

第二章 理论基础与文献综述

基于研究目标和关键科学问题,本章将在对相关概念界定的基础上,对利益相关者理论、协同理论、社会网络理论、公共物品理论和联盟治理理论的产生、发展及理论内涵进行梳理与归纳,对区域品牌的利益相关者、形成机制、效应和区域品牌管理等方面的已有文献进行梳理与研究,明晰本研究与已有文献之间的理论继承、补充以及拓展关系,奠定本研究的理论基础。

一、概念界定

(一)农产品区域公用品牌

国内外大多数学者将"农产品区域公用品牌"与"农产品区域品牌"看作同一概念,对于"农产品区域公用品牌"的定义,多建立在"农产品区域品牌"的基础上(刘洋,2020)。农产品区域公用品牌是指在一个具有特定自然生态环境、历史人文因素的区域内,由相关组织所有,由若干农业生产经营者共同使用的农产品品牌。该类品牌由"产地名+产品名"构成,原则上产地应为县级或地市级,并有明确生产区域范围。作为农产品品牌的一种重要类型,农产品区域公用品牌指的是特定区域内相关机构、企业、农户等所共有的,在生产地域范围、品种品质管理、品牌使用许可、品牌行销与传播等方面具有共同诉求与行动,以联合提供区域内外消费者的评价,使区域产品与区域形象共同发展的农产品品牌(农业农村部,2019)。

(二)林产坚果区域品牌

1. 林产坚果

《食品安全国家标准》(GB 19300—2014)把坚果定义为:"具有坚硬外壳的木本类植物的籽粒,具体包括核桃、板栗、杏核、扁核桃、山核桃、开心果、香榧、夏威夷果、松籽等。"(郭爱云,2018)除此之外,也有学者将坚果定义为具有革质外皮、仁可食用的木本干果(或种子),包括核桃、板栗、花生和葵花子等(唐清等,2015;刘振雷等,2021)。《中国林业统计年鉴(2018)》也对坚果和干果进行了区分:坚果包括核桃、板栗、松子仁、开心果等,干果则包括梅干、李干、龙眼干、柿饼、红枣、葡萄干等。

鉴于上述关于坚果概念界定特别是在坚果分类方面的分歧,在不引起歧义的前提下,本书采用"林产坚果"这一概念,并引用《食品安全国家标准》(GB 19300—2014)和《中国林业统计年鉴(2018)》的定义,将林产坚果界定为:具有坚硬外壳的木本类植物的籽粒(包括核桃、板栗、杏核、山核桃、开心果和香榧等)。本研究将对"林产坚果"开展研究。为了避免本研究中林产坚果与市场中的非林产坚果和林产

干果产生概念混淆,特将林产坚果、非林产坚果和林产干果进行对比,如表 2.1 所示:

表 2.1 林产坚果、非林产坚果和林产干果

名称	定义	代表坚果	参考文献
林产坚果	具有坚硬外壳的木本类植物的籽粒	核桃、板栗、榛子、杏仁等	根据《食品安全国家标准》(GB 19300—2014)
非林产坚果	外皮坚硬木质化或具有革质外皮、仁可食用的非木本干果(或种子)	葵花子、花生、南瓜子等	唐清等(2015);刘振雷等(2021)
林产干果	以新鲜水果为原料,经晾晒、干燥等脱水工艺加工制成的干果食品	桂圆干、柿饼、香蕉干等	国家《干果食品卫生标准》(GB 16325—2005)

2. 区域品牌

目前,对于区域品牌,学术界尚且没有一个统一的概念,而且随着这一"概念"所使用环境的变化,使得"区域品牌"四个字在不同的环境中往往会有着完全不同的含义。大多数的学者认为:所谓的"区域品牌"就是一个区域或地区的品牌,这个区域或地区的名称就是区域品牌(刘文超等,2018;周小梅和范鸿飞,2017)。还有一些学者认为:产业的集群化发展促进了区域品牌的形成,而且很多产业集群的名称就是区域品牌的名称。所以,他们认为产业集群的名称就是区域品牌(杜建刚等,2021)。综合现有文献发现,区域品牌主要包括三个关键性要素(蔺全录和范增民,2011):区域、产品和品牌(如图 2.1 所示)。在区域品牌中的区域要素,应该是一个具有特定区位优势的地理范围,而且在该特色地域下,形成了具有特色且消费者喜爱的产品,也包括无形的服务。因此,在这一条件下,区域品牌中的区域可以大到国家,小到村落等等。而作为区域品牌中的产品要素,是连接区域与消费者之间的纽带,它的存在与该区域有着密不可分的联系,如果产品没有这一区位优势则无法形成该产品的特色与差异,更不会形成被消费者所钟爱的差异。最后是作为区域品牌中的品牌要素,是区域品牌的内涵部分,是产品文化差异性的体现。因此,当品牌的形成是指这种以"区域名称+产品名称"来命名的方式起到了类似品牌作用的时候,即形成了区域品牌(Kavaratzis and Hatch,2013)。

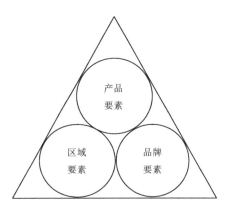

图 2.1　区域品牌构成框架

区域品牌通常被视为是一个以特定地域范围命名的区域性公共品牌(郭忠强,2012),其具有典型的区域依赖性和公共物品特征。所谓地域性特征是指,区域品牌的培育与发展会受到区域内经济条件、自然条件和历史文化条件等区域特有资源的影响;而公共性特征是指,区域品牌被区域内所有产业利益相关主体所共有,在区域品牌的使用、创建维护与传播推广等方面具有基本一致的诉求和行动(王兴元和张鹏,2012)。

区域品牌经济发展的过程,实质上是区域经济市场化的过程体现(赵卫宏等,2015;郭美晨,2020)。从市场化过程分析,公众对区域品牌的理解经历了"产品+地域""产品+地域+品牌"和"产品+地区+品牌+认证"的认知过程,在这个过程中区域品牌的表现形式由单一走向多样(如图 2.2 所示)。

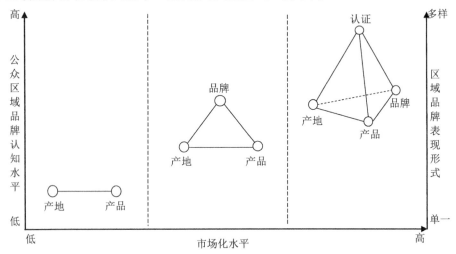

图 2.2　区域品牌形式演化过程

如图 2.2 所示,在低市场化水平阶段,区域品牌传递的仅是产品的原产地品牌信息,其知名度较低,市场竞争程度较低,在该阶段区域品牌利益相关者主要是种植与加工主体;随着市场化水平的提升、区域品牌知名度的增加,带动了相关产品种植、生产、加工和经营规模的扩大,以及各类利益相关者的数量增加,增加了对区域品牌形象多样性的需求,出现"产地＋产品＋品牌"的区域品牌创建形式,此时区域品牌的数量和公众对区域品牌的认知水平都有了很大提升;而随着品牌经济的迅速发展,区域品牌不仅承担了区域信息和产品信息,它更是质量信息和诚信经营的载体,此时各类产地认证、技术认证和质量认证等逐渐成为保障区域品牌公信度与美誉度的重要手段(张月义等,2020),而由于发起主体和认证类型的差异性与多样性,进一步增加了区域品牌的表现形式的多样性。按照区域品牌的创建引导主体将区域品牌分为政府主导型和市场主导型两种已成为共识(唐松和周建波,2008;沈鹏熠,2011),常见的区域品牌表现形式如表 2.2 所示。

表 2.2　区域品牌主要形式

引导主体	品牌类型	定义	参考文献
政府主体	地理标志品牌	地理标志品牌,是指在某一特定区域,其产品的品质与特征主要来源于当地自然环境和历史人文因素,并以地域名称冠名的区域性公共品牌。目前中国地理标志品牌的法定认证机构为国家知识产权局	姬志恒和王兴元(2013)
	特色农产品优势区品牌	特色农产品优势区,是指具有相对资源禀赋与比较优势,生产优质农产品,同时具有较好的产业基础与产业链条,农民增收能力强的特色农产品产业聚集地。目前特色农产品优势区品牌认证机构是农业农村部和国家林业和草原局	薛国琴等(2019)
	森林生态标志品牌	森林生态标志产品,是指在原生环境条件下通过自然生长而成的野生产品,或者是产自优良森林生态系统,同时在产品的全生命周期内没有使用过人工合成化学制剂,其原辅料不含有转基因成分,且无生态风险,并通过认定获得国家森林生态产品标志的各类林产品。目前森林生态标志品牌认证机构是国家林业和草原局	李琳森和张旭锐(2018)

续表 2.2

引导主体	品牌类型	定义	参考文献
市场主体	经营主体创建的区域品牌	由各类市场主体(龙头企业、行业协会和合作社等)主导创建的区域品牌	唐松和周建波(2008);沈鹏熠(2011);王兴元和张鹏(2012)
	消费者口碑形成的区域品牌	由于区域产品受消费者欢迎,随着区域美誉度的提升自然形成的区域品牌	

3. 林产坚果区域品牌

林产坚果区域品牌是区域品牌的一种,与林产坚果有密不可分的关系。由于主体是林产坚果,需要在不同自然地理环境下生长,因此所产生的产品差异就很容易与区域地理位置相关联,因此更容易形成林产坚果区域品牌。林产坚果作为一种特殊的农林产品,其本身具备了农产品与林产品的双重特征。基于前文梳理的有关区域品牌概念的文献,比较贴切林产坚果区域品牌概念的是浙江大学 CARD 农业品牌研究中心所提出的"农产品区域公用品牌"概念(楼晓东,2014)。在此基础上,本研究认为,林产坚果区域品牌是指,在特定地理区域内相关政府机构、种植企业、加工企业和合作社等所共有的,在区域品牌形象塑造、形象维护和传播推广等方面具有多主体协同参与特征,以联合提升区域内外的消费者认可程度,使区域林产坚果产品与当地整体产业形象共同发展的林产坚果品牌。这里所指的林产坚果区域品牌主要强调了林产坚果的差异性与特殊性,林产坚果区域品牌与农产品区域品牌差异性如表 2.3 所示。

表 2.3　林产坚果区域品牌与农产品区域品牌的比较

区域品牌元素	差异性	林产坚果区域品牌	农产品区域品牌
产品元素	产品天然性程度	较高	一般
	产品山区种植依赖程度	较高	一般
	产品森林依赖程度	较高	一般
	产品生长周期	较长	较短
	产品种植标准化程度	一般	较高
	产品种植机械化程度	一般	较高
	产品深加工程度	一般	较高
	产品品种数量	一般	较多
区域元素	区域经济发展水平	一般	较高
	区域产业发展水平	一般	较高

区域品牌元素	差异性	林产坚果区域品牌	农产品区域品牌
品牌元素	区域品牌的数量	一般	较多
	相关企业品牌的数量	一般	较多
	区域品牌形象丰富程度	一般	较丰富
	区域品牌国际竞争压力	较大	一般

（三）林产坚果区域品牌协同治理

1. 协同治理

协同治理活动汇聚了多类型利益相关主体的公共意见,包括了集体、公共机构与私人等,可以提出基于多利益相关主体共识基础上的决策。随着知识的专业化程度和劳动分工合作的细致化程度的进一步提升,促进了更多的区域公共事务迫切需要由政府为代表的公共机构、以企业为代表的私人机构和以行业组织为代表的非营利组织共同参与,通过组成多种形式的伙伴关系来实现协同治理(Chris,2007;侯琦和魏子扬,2012)。协同治理被认为是解决区域棘手公共问题的重要手段(张贤明和田玉麒,2016)。协同治理也被视为是一个由多种利益相关主体构成的动态开放系统,系统内各利益相关主体之间的交互合作促进了系统的效应提升,最终实现利益相关主体的公共利益(郑巧和肖文涛,2008)。

2. 品牌治理

随着治理思想的传播,越来越多的学者开始着眼于研究如何通过保障由多元利益相关者参与品牌价值提升的问题,不再局限于从企业与消费者的二元关系里思考品牌建设问题,进而形成了品牌治理这一新的品牌研究领域(王彦勇和徐向艺,2013;Lucarelli and Giovanardi,2016)。目前较为流行的品牌治理的内涵有两种:一种是强调参与品牌创建的利益相关者间的网络关系管理,另一种则强调的是利益相关者参与品牌创建的方式设计。

Merz *et al*.(2009)认为品牌的价值并不是单纯地由企业和消费者二元主体创造,更多的是通过与品牌相关的利益相关主体协同合作行为创造而来。他认为利益相关主体协同合作创造品牌价值的过程才是品牌的发展逻辑,并指出品牌治理就是在这种品牌发展逻辑过程中对品牌及品牌利益相关者关系的管理。因此,在品牌创建过程中,需要清楚地认识品牌利益相关主体所扮演的角色,厘清利益相关者间的网络关系。

Hatch and Schultz(2010)则认为品牌治理是以品牌控制权的共享活动为基础对品牌共同创建过程中品牌利益相关者参与该过程的模式与规则的设计,明确各利益相关者与共创品牌之间的责、权、利。这一观点更侧重于提出一种有效的制衡策略或制度,通过发挥这些策略与规则的约束作用,进而保证利益相关者参与品牌共创行为的顺利实现。

3. 林产坚果区域品牌协同治理

综上,本书认为林产坚果区域品牌协同治理是指,在林产坚果的区域品牌的协同共创过程中,对包括有以政府为代表的公共主体、以各类种植与加工企业为代表的市场主体、以行业协会为代表的非政府组织和以合作社为代表的农民个体组织等在内的多元利益相关主体,通过对以上主体间协同网络关系和协同行为的管理,保障主体间的品牌共建行为可以相互协调和顺利进行,进而实现参与林产坚果区域品牌协同治理主体利益最大化。

(四)林产坚果区域品牌效应

区域品牌一旦形成即成为一个区域的"名片",在区域品牌的信号机制作用下,区域品牌的知名度与消费者购买该区域产品的意愿呈正相关(刘文超等,2021)。优秀的区域品牌不仅是产品质量的象征,同时也代表着原产地的整体形象。同时,在区域品牌的引领作用下,可以进一步提升原产地品牌、企业品牌和产品品牌在消费者心中的形象(Batra *et al.*,2014;吴坚和符国群,2007)。而当区域品牌的知名度越来越高时,原产地区域内的资本、企业及人才会随之增多,进而原产地区域内的各利益相关主体所获得的溢价也就越高。此时,区域内众多中小企业品牌也将伴随着原产地品牌的成长而成长,进而带动区域产业的规模化与范围化发展(王兴元和朱强,2017)。

综上,本研究认为优秀的林产坚果区域品牌同样具有光环效应,在吸引消费者关注的同时,可以吸引区域内外的林产坚果种植主体、加工主体和各类相关服务主体,由多元利益相关主体共同构成区域品牌生态系统,成为林产坚果区域品牌效应的建设者与维护者。

(五)林产坚果区域品牌社会网络关系

社会网络关系是社会资本的重要维度(蔡起华和朱玉春,2017),利益相关者可以在个体或集体行动中获得和利用嵌入在社会网络关系中的资源(李明贤和周蓉,2018;李朝柱等,2020)。Wellman(2007)认为社会网络是由某些个体的社会关系构成的相对稳定系统。社会网络关系是一个典型的被移植到管理学中的社会学概念(刘林青和梅诗晔,2016),可将其理解为是一种网络、关联、交易、资源或过程等(Steve *et al.*,1999)。近些年,管理学专家将社会网络关系纳入组织绩效、市场拓展、知识转移和创新创业等管理学问题的研究当中(Park and Luo,2011),研究结果表明:关系的建立可以帮助参与主体获得"结构性支持"(Standifird and Marshall,2000),进而可以降低因内外部环境的不确定性所产生的交易成本(Douglas,1998)。同时,经济行为是嵌入社会网络中的,所以社会网络关系会影响经济行动

（罗家德，2020）。区域品牌的治理活动作为一种经济行为，会受到各区域品牌利益相关者构成的社会网络关系的影响，同样不同利益相关者在社会网络关系中的位置也会影响到其资源、信息的获取，也会影响其所受到的社会约制，进而影响其参与行为。

综上，本研究将林产坚果区域品牌社会网络关系定义为由林产坚果区域品牌利益相关者间的交互行为所产生的一种社会网络关系，这种关系将对林产坚果区域品牌的发展产生重要影响。

二、理论基础

（一）社会资本理论

社会资本是个人或集体通过所拥有的社会结构来获取稀缺资源的能力（Frank and Yasumoto，1998），由构成社会结构的各个要素构成，存在于人际关系的结构中（Coleman，1988）。Nahapiet等（1998）将社会资本划分为结构资本、关系资本和认知资本三个维度。社会资本理论自诞生起就被广泛应用于社会学、经济学等各个学科领域（孙卫华，2013）。万俊毅和秦佳（2011）认为，社会资本最早出现于经济学领域，资本概念是经济学的核心术语，最初仅局限于物质范畴，之后资本概念突破物质，产生人力资本、社会资本和心理资本等概念。邹宜斌（2005），认为社会资本与其他形式的资本的区别主要包括以下几点：第一，社会资本存在或者说是内嵌于社会关系之中，针对孤立的个体谈社会资本是毫无意义的；第二，社会资本产生和维持需要消耗一定的时间和资源；第三，与公共物品一样，社会资本具有非竞争性的特点，即人们对社会资本的使用并不会从数量上和质量上降低网络中的其他人所能享有的社会资本；第四，和物质资本不同，社会资本会随着人们对它的使用而增加，从而具有类似于网络外部性的特征。

（二）利益相关者理论

利益相关者理论作为公司治理理论的重要组成部分，从提出之日起就备受关注（Chinyio and Olomolaiye，2010）。Freeman于1984年就提出了利益相关者的定义，他将利益相关者描述为：那些与组织目标具有相互作用的一类个体或者群体。该定义强调了利益相关者与组织目标之间的双向影响关系。利益相关者的分析既有利于组织治理，又有利于实现组织的目标（Chinyio et al.，2010）。该理论强调组织的发展离不开利益相关者的参与（Cleland，1986），利益相关者通常会通过一定的资本、人力、财务或其他资源对组织目标产生影响（孟祥丰，2020），因此，利益相关者管理的关键在于要均衡考虑利益相关者与组织之间的利益和冲突（Ansoff et al.，2018）。利益相关者的识别、分类和管理是该理论现有的主要研究内容，识别利益相关者既定目标，通过利益相关者的任务表现进行分类，以此设计管理机制开展协同治理,实现组织管理目标(Yang *et al*.,2009;Yang *et al*.,2011)。

（三）协同理论

Haken(1983)认为协同理论就是研究协调与合作的学科,用于研究系统中各要素间的协调与合作的机理,通过经营管理机制对这些要素进行管理使所在商务系统从无序状态逐渐演化成有序的状态。同时,协同理论强调系统的目的性、稳定性与功能性(Gajda,2004),并强调对系统中的多种构成要素开展集成管理,这种集成管理可以帮助系统产生马太效应,进而放大系统整体功能(Larsen *et al*.,2003)。总之,协同理论认为,主体间的协同行为能产生出超越各主体自身的单独作用(黄波等,2015;Burg and Romme,2014),从而形成整个系统的统一作用和联合作用(谢旭光和张在旭,2013)。主体在协同过程中可以同时实现利益分配与风险分担(郑胜华和池仁勇,2017)。协同理论目前在多主体参与视角下的产业协调发展(张忠寿和高鹏,2019)、协同技术创新和人才培养等领域得到了广泛应用(孙天阳和成丽红,2019)。因此,协同理论可以为探讨区域产业品牌化建设过程中的多主体参与关系的研究提供新的理论视角。

从协同学的角度分析,林产坚果区域品牌的协同治理活动是在利益相关主体间形成的协同机制的作用下,使协同治理系统朝着有序的方向发展,通过该系统内部要素之间的相互作用,使系统内的主体可以获得结构性支持(张子健和刘伟,2009),促进系统从无序向有序状态演化(Todeva and Knoke,2005)。与此同时,林产坚果区域品牌协同治理整个系统的功能也会因主体的作用而得到一定程度的增强。林产坚果区域品牌协同治理是指在林产坚果区域品牌创建过程中,通过激励各利益相关者相互沟通、相互协作,使林产坚果区域品牌创建系统达到有序状态,实现区域林产坚果产品创新与营销创新的高效协同,促进林产坚果区域品牌效应提升。

（四）社会网络理论

Barnes在1954年提出了社会网络概念,以期利用社会网络的研究来界定群体行为(Attila and Teli,2007)。该理论被广泛应用于社会学、管理学、教育学、经济学和行政学等人文社会科学研究领域,并取得诸多成果(Butts,2008;高磊等,2020)。Wellman(2007)认为社会网络是由多个相互联系的行动者所构成的社会关系。社会网络中的行动者通过彼此之间的资源流动形成了正式或非正式的社会关系,构成了多重、交叉重叠的网络,实现资源、信息、知识的流动和共享,形成社会网络结构(Liu *et al*.,2017)。Hanifan(1916)使用"社会资本"来指代经济环境中的社会关系,之后Bourdieu(1985)和Coleman(1990)都实证分析了社会资本作为个体依赖社会结构而获得的资本,并且是实现特定发展目标的必要条件。

在社会网络关系中,行动者和社会网络关系之间会产生相互影响,行动者间的关系变化会引起其所在的社会网络关系结构发生相应的变化,同样,社会网络关系结构的变化也会影响到行动者之间的关系,进而形成新的社会网络(Caroline,1996)。社会网络关系理论通常被用于探讨行动者的行为与行动者之间的关系,以此开展利益相关者协同治理的前期关系研究。同时,社会网络关系理论也经常被用于项目的组织结构设计的相关研究,根据社会网络关系中的节点位置和网络结构特征来设计项目的管理组织结构。与传统的科层式组织结构相比而言,通过社会网络关系设计的项目组织结构更有利于提高行动者间的资源交互速率,进而提高组织的协同效应水平(Chinowsky et al.,2008)。在社会网络关系分析中,通过计算行动者的中心度(点度、中介度和接近度),以此可以解释行动者在社会网络关系中扮演的角色。同时,通过对社会网络关系结构的描述,可以进一步对利益相关者协同任务进行深度分析(Burt,1993;Borgatti et al.,2002;Scott,1988)。在与本书相关研究成果中,陈慧和杨宁(2019)利用社会网络分析法实证研究了产品价值共创关系中顾客社群价值感知的中介作用;邵景波等(2017)则利用社会网络分析法探讨了关于品牌延伸对母品牌顾客资产驱动要素的影响问题;张涛等(2017)基于价值创造理论,利用社会网络分析法对新疆农产品品牌价值网络多主体关系进行了研究。

(五)治理与联盟治理理论

近年来"治理"一词频繁出现于行政学、社会学、管理学和经济学等社会科学的研究之中,治理的核心思想在于多元利益相关主体的共同参与和协同决策(李泉,2012)。治理理论认为,完整的治理应该包括治理的结构、治理的工具和治理的主体。其中,治理的结构指具体的主体间就任务完成的制度性安排;治理的工具即完成治理所需的技术工具,例如治理中选取的策略或方式;治理的主体是指在治理活动过程中所涉及的利益相关主体(裴长洪和彭磊,2021)。

Rhodes(1996)认为治理就是为了维护组织正常运行而使用的组织管理、监督和协调等多种组织管理手段。针对这种由多利益相关者组成的联盟组织,联盟治理成为治理理论在组织经营与管理层面的发展方向。其中,联盟治理的核心问题是对联盟内各利益相关主体的协同治理。具体而言,联盟协同治理是在协同治理的过程中常出现的主体关系不稳定或内部成员间冲突等问题,从联盟的组成形式和运行要素等方面进行分析,探讨如何维持组织关系的稳定(Gulati,1995)。任旭(2008)指出,利益相关者之间的相互支持关系对于联盟组织的治理效应至关重要,利益相关者之间的依赖程度越高,联盟的治理有效性也将越高。Sim and Ali(2000)从组织行为学的视角探讨了利益相关主体之间的协同任务与心理距离是影响联盟治理的关键因素。袁健红和施建军(2004)提出联盟治理应遵循信任、反馈和一体化的三原则。

（六）S-C-P 范式

S-C-P 范式（结构-行为-绩效）诞生于 20 世纪 30 年代，是产业组织相关理论与实践问题的经典研究范式与分析框架。S-C-P 范式作为传统产业组织理论的核心内容，传统的 S-C-P 范式是以特定产业、经营企业之间的竞争关系为具体研究对象，用于解释企业组织之间的市场关系结构，并探讨产业内的组织情况及其变动对该产业内部资源配置效率所产生的影响。哈佛学派认为 S-C-P 范式中是单向因果关系，该学派认为市场结构是一个产业得以发展的关键要素，强调结构决定绩效。而芝加哥学派则认为 S-C-P 范式之间是相互影响的多重关系。

随着网络理论的发展，关于产业组织理论和实践的研究更加注重结构、行为和绩效之间的多重关系和动态变化。更多学者认为，S-C-P 范式可以解释和预测社会网络结构、企业行为和绩效之间存在着相对稳定的因果关系（Bettis，1981；卢强和杨晓叶，2020），其强调社会网络结构中信息获取方式和水平会改变主体的知识结构和行为模式，进而影响各利益相关者在合作活动中的互动和协同（宋华和卢强，2017）。目前，S-C-P 范式除了应用于传统产业组织应用问题的研究以外（李天舒，2008），已经被广泛地引入包括团队结构（谢科苑等，2012）、知识网络结构（夏俊和吕廷杰，2006；喻登科等，2015）、科学协同合作（Pierre et al.，2010）和多利益相关主体参与下的协同创新（李金华等，2005；刘建华等，2015）等多种"结构"与"行为"和"绩效"的问题研究中，并产生了诸多成果。本研究将 S-C-P 范式引入林产坚果区域品牌利益相关者协同治理的情境中，结合扎根分析结论构建本研究的理论模型。

三、国内外研究现状

（一）区域品牌利益相关主体的研究

区域品牌生态理论认为，利益相关者的共同参与是区域品牌建设过程中的各项任务（Kasabov and Sundaram，2013）得以完成的基础，并构成了区域品牌的复杂主体环境关系（Eshuis et al.，2018；王彦勇和徐向艺，2013），该关系有着极其复杂的结构且发生机制具有周期长、非线性、适应性和可持续性等特征（翁胜斌和李勇，2016；王启万等，2013）。目前国内外关于区域品牌利益相关主体的研究主要集中在利益相关主体的多元性特征、主体形成以及不同利益相关主体在区域品牌建设过程中的作用等方面。在关于区域品牌利益相关主体的多元特征研究方面，Lodge（2002）通过案例研究证明了以地方政府为代表的公共部门在区域品牌的协同治理过程中发挥了关键作用。张国亭（2008）从产业集群理论出发，对产业集群内不同类型的组织对当地某一种或某一类产品（服务）的长期生产经营行为进行了讨论，并指出集群内经营主体多元性与区域品牌利益相关主体的多元性高度相关。蔺全录和范增民(2011)强调在产业集群内的所有相关企业和机构通过长期的经营活动,会形成具有区域产业特色的声誉,声誉的消费者认可程度是该产业集群发展水平的集中体现。在区域品牌利益相关主体的构成及其作用研究方面,郑秋锦等(2007)提出培育区域品牌运营公司,在该类型公司的组织下,搭建政府、行业协会和各类企业的品牌运营体系。李大垒和仲周伟(2008)认为区域品牌创建活动就是集群内企业品牌行为的综合体现,强调了产业集群内各类企业主体自身发展所形成的正面因素的融合是构成区域品牌的关键。何吉多等(2009)从农产品区域品牌角度讨论了以政府为代表的公共部门和以行业协会为代表的非营利性组织在农产品区域品牌建设过程中的资源整合作用。王会龙(2011)认为区域政府通过改善投资环境,对于塑造和提升区域形象具有重要作用。周发明(2007)和沈鹏熠(2011)等学者都认为参与农产品区域品牌创建主体除了政府与企业之外,各类合作社的参与决定了品牌质量的管控能力,对于农产品区域品牌的可持续发展意义重大。吴菊安等(2009)强调培育产业龙头企业在区域品牌发展中具有现实带动意义。阴芳子(2012)以福建省晋江市鞋业产业集群品牌塑造为例,在综合分析该产业集群营销问题的基础上,提出发挥行业协会的平台作用是实现多主体协同合作、打造知名区域品牌的关键。姚春玲(2014)从产业竞争力的视角探讨了农业区域品牌竞争力的内在机理,指出通过农业科研院所、农业服务机构、涉农行政管理部门构建"政、产、学、研、用"的互动机制,增强农业区域品牌内部关系,进而提升农业区域品牌的知名度与美誉度。杨旭和李竣(2018)强调了在区域品牌创建过程中要与相关咨询公司协同开展区域品牌发展相协同的技术培训和商务培训等。而 Xu and Tian(2020)则对电商平台对消费者认识区域品牌的作用进行了分析,认为互联网技术的作用主要体现在认知渠道的拓展,其次才是直接销售渠道。综上,多主体的共同参与是区域产业品牌化建设过程中的各项任务得以完成的基础。多项研究证明:政府部门、行业组织和产业内的企业是区域产业品牌化的重要参与主体(张月莉和王再文,2018;李大垒和仲伟周,2017)。其中,政府部门作为区域治理的主体,承担着产品技术标准、质量管理和市场监督等市场环境规制的制定与实施任务,此外也扮演着区域产业品牌化建设倡导者的角色(唐松,2015)。行业组织作为政府与企业之间的"桥梁"(邓荣霖,1999;代瑿等,2017),起着沟通平台与促进规模化生产的作用。产业内的企业作为区域终端产品的生产者与销售者,其作用体现在区域产业品牌化的全过程。区域产业品牌正是通过产业内的企业向各类消费者提供品牌区域产品,才能够保证在消费者心目中建立起清晰的差异化认知(许晖等,2019)。与此同时,为了保证区域产业品牌化建设实践的专业化程度,政府部门、行业组织和产业内的企业在充分发挥自身优势资源的同时,通常会借助科研机构、品牌咨询机构和人才机构等专业第三方机构的优势资源(赵卫宏和孙茹,2018;江志鹏等,2018),共同参与到以区域产品为载体的科技创新、产品功能改进和品牌形象创新等活动中来,进而形成与其竞争品牌之间的差异化,并借助媒体、物流和各类商贸机构的产品宣传与销售渠道(尤振来和倪颖,2013),向区域内外的消费者提供区域品牌产品,最终实现区域产业品牌化效应(王兴元和朱强,2017)。李道和等(2021)指出政府的总体规划和服务指导行为对于农产品区域品牌绩效有显著正向作用,并且对优化企业内外部环境也有显著的正向影响。

（二）区域品牌形成机制的研究

区域品牌被视为是一个以特定地理范围命名的区域性公共品牌的统称(郭忠强,2012),其具有典型的区域依赖性和公共物品特征,区域品牌实质上是区域经济市场化的过程体现(赵卫宏等,2015;郭美晨,2020)。从市场化过程分析,区域品牌的建设形式经历了从"产品＋地域"到"产品＋地域＋品牌",再到"产品＋地区＋品牌＋认证"的过程,在这个过程中区域品牌的表现形式由单一走向多样。区域品牌形成机制的研究主要集中在关于区域品牌的创建形式、创建对策和关键影响因素三个方面。在区域品牌的创建形式的研究方面,肖阳和谢远勇(2010)通过实证提出了中小企业集群品牌创建的市场激发、政府引导和集群整合三种形式。王光远(2009)从整体与部分的视角指出集群品牌包括产业集群品牌和核心企业品牌两种模式。吴水龙等(2010)则将区域品牌培育的模式划分为政府推动式、企业轮轴式与行业协会搭建式三种。杨文剑(2011)提出区域品牌建构应该有由政府与行业协会主导设计开发整套品牌形象规范,并由多元主体承担品牌推广责任。黄蕾(2009)提出了"产地—品牌—产品"的区域品牌建设发展模式,并强调产业集群在区域品牌建设中的基础作用。林阿禄和颜颖(2011)构建了集群品牌的协同机制,即信任机制、共享机制及沟通机制三部分。唐松和周建波(2012)认为区域品牌可以被划分为政府引导型和市场吸引型两种形成机理。张月义等(2019)从"标准＋认证"视角下的制造业区域品牌培育入手,通过计划行为理论分析框架为基础,探讨行为态度、主体规范、知觉行为的控制以及政府支持对企业参与区域品牌建设意愿与决策行为的影响。在区域品牌的创建对策的研究方面,国内外学者从区域发展、集群发展和产品营销三个视角进行了探讨。从区域发展角度,朱思文(2008)提出品牌理念、区域资源禀赋和产业链延伸是提高区域品牌营销力的重要组成部分。姚春玲(2013)认为通过实施农产品区域品牌战略,以及提高农产品科技含量、增加区域品牌资产价值等手段来提升农产品区域品牌的竞争力。从集群发展角度,蒋廉雄等(2005)提出区域品牌的营销主体需要通过目标、战略、认知、行动和资源等方面的协同,通过建立区域品牌的资产优势推动区域品牌效用的最大化。陈东北(2009)指出实现区域品牌的长久发展,需要在区域产业集群内建立良好的协作机制,优化服务、技术和政策支持等区域品牌发展环境。郑永彪等(2010)强调区域品牌建设离不开成立专门机构和实施区域品牌准入制度两种手段。王宪云(2009)则从知识管理角度出发,提出了建立区域共享平台、培育学习型组织、鼓励区域创新和建立知识产权转移机制这四个方面的培育策略。王红彩(2011)提出了区域品牌的定位、实施、维护和创新四大策略。在区域品牌创建的关键影响因素方面,周发明(2007)指出新型营销体系在区域品牌发展中的重要性,同时指出农民专业合作在区域品牌建设中的组织依托作用,并强调了农产品零售形式在区域品牌传播中的意义。吴菊安等(2009)总结了"产业集群＋龙头企业＋农业标准化"的农业产业化过程中的区域品牌的培育形式。张春明(2008)指出优化各类社会资本、产业资源与生产要素的资源配置,并加强区域品牌之间的交流和互动等手段可以有效提升区域品牌协同治理的效应。徐娟等(2021)指出多元主体间的互动对农户参与区域品牌创建意愿的正向影响,同时心理契约在多元主体互动和农户参与区域品牌创建意愿之间发挥了中介作用。

(三) 区域品牌效应的研究

区域品牌的效应实现主要依赖于其具备的信号机制,区域品牌的效应基础体现在提升区域品牌在消费者心中的形象(Batra et al.,2014;吴坚和符国群,2007)。国内外关于区域品牌效应的研究主要集中在原产地效应和规模效应两个方面。关于区域品牌原产地效应的研究,Schooler(1965)认为产品原产地形象是影响消费者认知的重要因素。Porter(1998)从准公共产品的角度阐述了区域品牌原产地效应的性质,这种原产地属性能够对该区域内的各类经营主体的市场竞争优势提供共有的促进作用。Hankinson(2001)指出区域品牌利益相关主体的营销目标不同是造成区域品牌效用差异性的关键问题。Lundequist and Powerd(2002)指出区域品牌在区域的招商引资和人才吸引等方面具有重要的拉力作用。陆国庆(2002)指出通过对区域品牌的培育,可以促进区域内的产业集聚和利益相关主体之间的合作,进而实现区域产业竞争力。此外,Rosenfeld(2002)和Anholt(2006)实证分析了区域品牌是新兴经济体国家在全球化中开展市场竞争的有效策略。Klára et al.(2016)对区域品牌建设对区域经济发展的意义进行了介绍。田圣炳(2006)指出对原产地产品或服务的评价有利于提升相关产业关联度、优化集群外部环境等,进一步会影响使用原产地品牌的企业的国际竞争优势。马超和倪自银(2011)强调了区域品牌在区域发展愿景的确定与产业定位中的重要作用。刘华军(2011)通过实证分析了地理标志品牌与农业区域经济发展和农民收入之间的正相关关系。孙丽辉等(2010)从理论上论证了在产业集群的产业优势向区域品牌转化过程中名牌产品可以发挥簇群效应。薛桂芝(2010)通过案例分析提炼出农产品区域品牌建设的识别效应、溢价效应、产业带动效应和聚集效应等。陆国庆(2002)、周发明(2007)、章胜勇和李崇光(2007)等学者从区域竞争力提升的视角对农产品区域品牌的效应进行了探讨,以上学者认为农产品区域品牌在降低农业经营主体生产成本和提升区域农产品市场价格方面的作用十分明显。刘元兵和刘春晖(2012)指出高质量的区域品牌在提高区域产品生产的标准化水平和提升农业综合效能方面可以发挥重要作用。熊爱华和汪波(2007)、肖淑兰和洪艳(2008)及张春明(2008)等学者认为农业区域品牌集群可以促进区域内生产经营者获取协同效应。冷志明(2009)和吴喜雁(2011)实证分析了农业区域品牌对于增强产业集群对外影响力的影响,指出利用区域品牌策略促进产业集群融入全球价值链体系。尤振来和倪颖(2013)指出农业集群区域品牌可以引导区域内企业品牌和产品品牌的定位,也有助于在集群内知名度较低的企业与产品品牌被市场所接受,同时又可以促进区域品牌的研发创新环境,进而提高该区域内各经营主体的市场竞争力(邵建平和任华亮,2008;吕艳玲和王兴元,2012)。耿献辉等(2020)实证分析了区域品牌资产可以向消费者传递产品质量信息,同时增加其感知质量和期望效用,有助于家庭农场提升经营绩效。

(四)区域品牌管理的研究

区域品牌建设是实现产业规模化、标准化、产业化和市场化过程中的必然选择。关于区域品牌管理的研究主要集中在区域品牌建设的组织管理和区域品牌风险管理两个方面。关于区域品牌建设的组织管理,李军等(2015)提出在推进区域品牌建设过程中,需要明确参与建设的主体与合作模式,形成区域品牌建设规划。杨旭和李竣(2018)强调了在区域品牌建设过程中构建区域品牌公共服务载体的重要作用,要发挥主体间的联动效应,搭建区域品牌识别系统,规范区域品牌运营机制。杨大蓉(2019)从产品质量管理视角探讨了区域性质量检测在区域品牌建设过程中的作用,对质量认证与市场效应的关系开展了实证研究,认为建立集群内质量反馈与追踪系统,搭建区域品牌内产品可追溯机制。关于区域品牌风险管理的研究,主要集中在区域品牌建设载体的风险研究和区域品牌的公共物品保护研究两个部分。刘芹和陈继祥(2004)通过博弈论证明了集群内企业自身利益的关注程度、集群内的企业数量和企业协同的主动性等方面在区域品牌建设与保护中的作用关系。蒋扬名(2006)通过案例研究的方式探讨了区域品牌保护的难题,即区域品牌定位困难、搭便车和难以创新,指出开展区域产品的标准化生产体系建设、原产地保护体系建设、企业自律性建设和监督体系建设的综合性区域品牌管理服务体系建设。吴传清等(2010)认为产业区域品牌风险包括公地悲剧、柠檬市场、羊群效应、品牌株连和品牌丢失五种风险。

四、国内外文献述评

目前,国内外学者在区域品牌相关领域取得了丰富的研究成果,为研究的顺利开展提供了重要的理论指导。本章着重对研究所涉及的概念进行了界定,对借鉴的各相关基础理论的产生、发展、内涵及应用领域进行了介绍,并对本书研究变量相关的文献进行了梳理和归纳。从国内外研究现状中综合发现以下几点有待进一步深化:(1)已有的关于区域品牌的研究更多的是在传统营销学理论背景下开展的探索性研究,研究的理论视角有待丰富,有必要借鉴多学科知识开展相关研究。(2)关于区域品牌的各项理论与实践研究虽然都强调了多利益相关主体在区域品牌建设过程中的重要作用,也有学者专门探讨了重点的利益相关主体在区域品牌建设中的作用机制,但是尚未对这些利益相关主体构成的交互关系在区域品牌建设中的作用加以深入研究。(3)从研究的方法来看,绝大多数学者开展区域品牌的相关研究采用的是理论探讨或案例研究,定量研究相对薄弱,且较少学者有将定性与定量研究相结合同时应用于区域品牌的研究。(4)在乡村振兴和国家品牌战略背景下,关于林产坚果区域品牌的研究缺乏关注,由于产业与产品异质性对区域品牌的理论与实践研究具有明显的影响,同时考虑到林产坚果产业在乡村振兴和农民增收中的重要地位,有必要增加针对性研究。综上,本研究从林产坚果产业发展实际出发,借鉴社会网络理论、协同理论、利益相关者理论和S-C-P范式等理论,采用定性与定量研究相结合的方式,确定林产坚果区域品牌社会网络关系特征,探究社会网络关系对协同治理和区域品牌效应提升的影响,并揭示林产坚果区域品牌协同治理在社会网络关系与区域品牌效应提升中的中介效应,从社会网络关系视角探索林产坚果区域品牌效应提升的作用机理并提出治理对策。

第三章　林产坚果区域品牌的社会网络关系

品牌生态理论认为区域品牌是一个由多主体构成的生态系统。根据第二章的文献分析可知,关键利益相关者的共同参与是林产坚果区域品牌建设过程中的各项任务得以完成的基础。本章的研究对应科学问题一:林产坚果区域品牌社会网络关系结构的表现是什么?本章基于利益相关者理论、协同理论和社会网络关系理论,首先基于文献和 Mitchell 三分类评分法对林产坚果区域品牌利益相关者进行分析,然后在利益相关者分析结果的基础上,构建林产坚果区域品牌利益相关者关系图谱,并通过 UCIENT 6.0 软件对林产坚果区域品牌社会网络关系开展实证分析,揭示林产坚果区域品牌利益相关者角色与关系的演化特征。本部分将为后续章节的研究提供重要基础。

一、林产坚果区域品牌关键利益相关者识别

(一) 研究方法

Freeman 早在 1984 年就提出了利益相关者的定义,他将利益相关者描述为:那些与组织目标具有相互作用的一类个体或者群体。该定义强调了利益相关者与组织目标之间的双向影响关系。利益相关者的分析既有利于组织治理,又有利于实现组织的目标(Chinyio et al.,2010)。同时,通常一个组织的利益相关者会具有多元化的特征,不同的利益相关者与同一组织之间的双向关系也具有差异性表现,因此,有必要对利益相关者进行分类研究。Mitchell et al.(1997)提出了"权利—合法—紧急"的利益相关者分析模型,由于该模型是从权利性、合法性和紧急性这三个方面来对利益相关者进行分析,因此该方法通常被称为 Mitchell 三分类评分法(或被称为米切尔评分法)。Mitchell 三分类评分法被广泛应用于不同类型组织的利益相关者分类研究,并取得了诸多成果(Agle et al.,1999;谢煜和胡非凡,2016)。Mitchell 三分类评分法中的三重属性又可细分为 7 种利益相关者,具体包括:仅具有一种属性的潜在型利益相关者、随意型利益相关者和苛求型利益相关者;具有两种属性的支配型利益相关者、依赖型利益相关者和危险型利益相关者;具有三种属性的决定型利益相关者(如表 3.1 所示)。该模型具有动态属性,如果一个利益相关者获得或者失去了某一种属性,则该利益相关者在与其他利益相关者协同过程中的地位和发挥的作用也将会发生变化。

表 3.1 利益相关者分类

属性	类型	权力性	合法性	紧急性
	潜在型	√	×	×
单一属性	随意型	×	√	×
	苛求型	×	×	√
	支配型	√	√	×
双重属性	依赖型	×	√	√
	危险型	√	×	√
三重属性	决定型	√	√	√

Agle *et al*.(1999)对传统的选用正态分布建立域值的方式来进行 Mitchell 三分类评分计算的方法进行了简化,简化后的方法利用平均值建立域值取代了正态分布建立域值,通过对比计算结果判定不同利益相关者的属性与角色。累积属性值是权力性、合法性和紧急性各属性值之和。同样,新方法根据利益相关者分别在三个属性上的累积属性的值及属性表现,将其划分为潜在型利益相关者、随意型利益相关者、苛求型利益相关者、支配型利益相关者、依赖型利益相关者、危险型利益相关和决定型利益相关者 7 种。本书拟采用 Agle *et al*.(1999)简化后的 Mitchell 三分类评分法,通过该方法对林产坚果区域品牌的利益相关主体进行识别分析,通过计算以上主体在不同属性上的分数与累积属性值,以此来识别林产坚果区域品牌利益相关者在协同治理过程中扮演的角色。

(二)数据选择与收集

1. 数据选择

综合以往文献和访谈得出林产坚果区域品牌利益相关者主要有 15 类组织,包括:种植企业、加工企业、物流企业、经销商、电商平台、合作社、消费者组织/社群、村集体/当地社区、当地政府、林业管理部门、林场、科研机构/院校、商务咨询机构、行业协会和媒体。

本研究基于 Mitchell 的三分类评分法,对 15 类利益相关者的权力性、合法性和紧急性三方面属性进行研究,问卷利用 5 级的李克特量表(量表中从 1 级到 5 级强度逐渐增加)对其属性表现进行打分。与此同时,为了帮助受访者可以更好地理解权力性、合法性与紧急性的内涵以及对应的林产坚果区域品牌利益相关者表现,量表参考 Mitchell(1997)对三分类评分法的具体操作方法,对权力性、合法性与紧急性分别给出了解释,具体为:权力性,是指该利益相关者对林产坚果区域品牌协同治理的顺利进行具有的影响力程度;合法性,是指该利益相关者与林产坚果区域品牌协同治理组织之间的契约关系表现如何;紧急性,是指该利益相关者的要求能否得到林产坚果区域品牌协同治理组织的及时响应与反馈。

2. 数据收集

本研究于 2019 年 5 月至 2020 年 10 月开展了问卷调研工作,共收集到有效问卷 402 份。在问卷的发放与收集过程中,为了保证数据收集的有效性,本研究对问卷的发放途径与具体操作过程进行了严格控制。

为了保证本研究选取的样本林产坚果区域品牌具有代表性和数据的可获得性、实现同一利益相关者在不同时期属性的对比分析,本研究将对同一利益相关者组织开展两次问卷调查。本研究借助了中国林业产业联合会品牌建设分会提供的会员及其合作单位(协会)的资料开展相关数据收集工作。该协会是 2018 年由国家林业草原局批准成立的国内唯一的全国性林产品品牌行业协会,也是中国品牌建设促进会成员单位,该协会专门成立了中国坚果品牌集群,开展林产坚果区域品牌建设的研究、指导与服务工作。因此,中国林业产业联合会品牌建设分会所提供的会员及其合作单位(协会)的资料具有较好的典型性。考虑到调查成本与具体操作的困难程度,参考郭爱云(2018)的调查问卷的发放形式,本研究采用了抽样调查方法与滚动取样方法相结合的方式开展问卷调查,具体过程为:首先,对中国林业产业联合会品牌建设分会提供的会员及其合作单位(协会)的资料进行研读,充分掌握资料信息;然后,通过与协会专家委员会及理事单位的访谈交流,筛选出符合被调查主体特征的会员及其合作单位(协会),向他们发放电子调查问卷或安排实地调研;最后,由被调研的会员及其合作单位(协会)采用类似的滚动方式选取其他参与问卷调研的单位组织。采用这种调查方法的问卷回收率较高,成本相对较低,并且可以在一定程度上保证本研究所需调查问卷的数据质量。

为实现对同一利益相关者在不同时期属性的对比分析,本研究将对同一利益相关者组织开展两次问卷调查。因此,本研究在抽样调查和滚动取样相结合的基础上,调查问卷的发放分为两阶段进行,第一阶段(参与林产坚果区域品牌协同治理初期 T1)调查问卷完成收集以后,共计收到 417 份有效问卷。本研究还参考 Chang et al.(2015)提出的两阶段调查的合适间隔期的建议,在首次调查结束后 4 个月开展第二次问卷调查。此次调查问卷的发放主要是通过第一次问卷调查时所获得的受访主体的电话号码、传真、微信和 Email 等联系方式进行,第二次问卷收集完成后(参与林产坚果区域品牌协同治理经验期 T2),发现有 15 个受访主体放弃填写或填写问卷不合格的现象(出现问卷前后明显矛盾、答案均为极端值或中间值和问卷填写不完整等现象)。最终,获取有效问卷 402 份,如表 3.2 所示。

表3.2　样本描述性统计表

属性	样本	数量/份	百分比/%
分类	种植企业、加工企业、合作社	143	35.57
	当地政府、林业管理部门、林场、村集体/当地社区	77	19.15
	经销商、电商平台、物流企业、商务咨询机构、媒体	107	26.62
	行业协会、科研机构/院校、消费者组织/社群	75	18.66
性质	公共部门	163	40.55
	私营部门	239	59.45
规模	小型	192	47.76
	中型	136	33.83
	大型	65	16.17
	特大型	9	2.24
成立年限	1～3 年	116	28.86
	4～6 年	107	26.62
	7～10 年	92	22.89
	10 年以上	87	21.64
专职品牌管理团队规模	1～5 人	117	29.11
	6～10 人	125	31.09
	11～15 人	96	23.88
	15 人以上	64	15.92

（三）实证结果

基于 Agle *et al*.（1999）简化后的 Mitchell 三分类评分法，计算得出林产坚果区域品牌利益相关者分类结果，如表3.3 和 3.4 所示。

表3.3　林产坚果区域品牌利益相关者分类（初期）

序号	利益相关者	权力性	合法性	紧急性	累积性	分类结果
1	种植企业	1	1	1	3	决定型
2	加工企业	1	1	1	3	决定型
3	物流企业	0	1	0	1	随意型
4	经销商	1	1	1	3	决定型

序号	利益相关者	权力性	合法性	紧急性	累积性	分类结果
5	电商平台	0	1	1	2	依赖型
6	合作社	1	1	1	3	决定型
7	消费者组织/社群	0	0	1	1	苛求型
8	村集体/当地社区	0	1	1	2	依赖型
9	当地政府	1	1	1	3	决定型
10	林业管理部门	1	1	0	2	支配型
11	林场	0	1	0	1	随意型
12	科研机构/院校	0	1	0	1	随意型
13	行业协会	1	1	0	2	支配型
14	商务咨询机构	0	1	0	1	随意型
15	媒体	1	0	1	2	危险型

注:如果利益相关者的分数高于域值时,则认为该利益相关者拥有这一属性,记为1,否则记为0。

观察表3.3发现,在利益相关者参与林产坚果区域品牌治理初期,林产坚果种植企业、加工企业、经销商、合作社和当地政府为林产坚果区域品牌决定型利益相关者,累积属性值为3;电商平台和村集体/当地社区为依赖型利益相关者,累积属性值为2;林业管理部门和行业协会为支配型利益相关者,累积属性值为2;媒体为危险型利益相关者,累积属性值为2;物流企业、林场、科研机构/院校和商务咨询机构是随意型利益相关者,累积属性值为1;消费者组织/社群是苛求型利益相关者,累积属性值为1。

表3.4　林产坚果区域品牌利益相关者分类(经验期)

序号	利益相关者	权力性	合法性	紧急性	累积性	分类结果	变化趋势
1	种植企业	1	1	1	3	决定型	—
2	加工企业	1	1	1	3	决定型	—
3	物流企业	0	1	1	2	依赖型	↑
4	经销商	1	1	1	3	决定型	—
5	电商平台	1	1	1	3	决定型	↑
6	合作社	1	0	1	2	危险型	↓
7	消费者组织/社群	1	1	1	3	决定型	↑
8	村集体/当地社区	0	1	1	2	依赖型	—

序号	利益相关者	权力性	合法性	紧急性	累积性	分类结果	变化趋势
9	当地政府	1	1	0	2	支配型	↓
10	林业管理部门	0	1	0	1	随意型	↓
11	林场	0	1	0	1	随意型	—
12	科研机构/院校	0	1	1	2	依赖型	↑
13	行业协会	1	1	1	3	决定型	↑
14	商务咨询机构	0	1	1	2	依赖型	↑
15	媒体	1	1	1	3	决定型	↑

注:如果利益相关者的分数高于阈值时,则认为该利益相关者拥有这一属性,记为1,否则记为0,累积属性值是权力性、合法性和紧急性的和;变化趋势的符号"—"代表无变化,符号"〇"代表同级变化,符号"↑"代表升级变化,符号"↓"代表降级变化。

观察表 3.4 发现,在利益相关者参与林产坚果区域品牌治理经验期,林产坚果种植企业、加工企业、经销商、电商平台、消费者组织/社群、行业协会、媒体为林产坚果区域品牌决定型利益相关者,累积属性值为3;物流企业、村集体/当地社区、科研机构/院校和商务咨询机构为依赖型利益相关者,累积属性值为2;合作社为危险型利益相关者,累积属性值为2;当地政府为支配型利益相关者,累积属性值为2;林业管理部门和林场为随意型利益相关者,累积属性值为1。

对比表 3.3 与表 3.4 中 Mitchell 三分类评分法的识别结果发现:

1. 林产坚果区域品牌利益相关者的角色多样化特征

通过观察表 3.3 与表 3.4 中 Mitchell 三分类评分法的识别结果发现,不管在林产坚果区域品牌协同治理的初期还是经验期,15 个利益相关者扮演的角色与发挥的作用表现出多样化的特征。在两个时期 15 个林产坚果区域品牌利益相关者均可以分为六类利益相关者角色。具体表现为:

决定型林产坚果区域品牌利益相关者,具备权力性、合法性与紧急性三种属性。该类型利益相关者在林产坚果区域品牌协同治理过程中,在资源掌握程度、群体认可度和反应敏感性方面都具有明显的表现,在协同治理中发挥了重要作用。在林产坚果区域品牌协同治理初期,该类型的利益相关者包括:林产坚果种植企业、加工企业、经销商、合作社和当地政府;在林产坚果区域品牌协同治理经验期,该类型的利益相关者包括:林产坚果种植企业、加工企业、经销商、电商平台、消费者组织/社群、行业协会和媒体。

随意型林产坚果区域品牌利益相关者,具有参与林产坚果区域品牌协同治理的合法性。该类型利益相关者缺乏权力性和紧急性,其通常会根据情况决定自身的协同治理行为。在林产坚果区域品牌协同治理初期,该类型的利益相关者包括:

物流企业、林场、科研机构/院校和商务咨询机构;在林产坚果区域品牌协同治理经验期,该类型的利益相关者包括:林业管理部门和林场。

苛求型林产坚果区域品牌利益相关者,其自身具有较强的紧急性属性,但又缺乏权力性与合法性两种属性。该类型的林产坚果区域品牌利益相关者并不属于任一固定组织,因此,这个类型的利益相关者在林产坚果区域品牌协同治理过程中缺乏相对有效的应急能力,但是该类型利益相关者通常又会积极参与到品牌协同治理活动中,这将会增加林产坚果区域品牌的治理复杂性。在林产坚果区域品牌协同治理初期,该类型的利益相关者包括:消费者组织/社群;在林产坚果区域品牌协同治理经验期,并未出现该类型的利益相关者。

支配型林产坚果区域品牌利益相关者,其具有权力性与合法性两种属性,但又缺乏紧急性属性。这种类型的利益相关者拥有专业的行业或产业资源,因此可以向合作伙伴、客户或者其他利益相关者提供技术、资金或者物资方面的支持。在林产坚果区域品牌协同治理初期,该类型的利益相关者包括:林业管理部门和行业协会;在林产坚果区域品牌协同治理经验期,该类型的利益相关者包括:当地政府。例如在林产坚果区域品牌治理参与行为初期,林业管理部门的产业支持政策的制定及行业引导能力会对林产坚果区域品牌的建设产生重要作用。

依赖型林产坚果区域品牌利益相关者,其具有合法性与紧急性两种属性,但又缺乏权力性属性,依赖型的利益相关者通常会体现出从属特征。在林产坚果区域品牌协同治理初期,该类型的利益相关者包括:电商平台和村集体/当地社区;在林产坚果区域品牌协同治理经验期,该类型的利益相关者包括:物流企业、村集体/当地社区、科研机构/院校和商务咨询机构。例如,在林产坚果区域品牌治理参与行为初期,电商平台和村集体/当地社区在林产坚果区域品牌建设初期更多的是以与当地政府合作的形式开始,或是在当地政府的安排下参与林产坚果区域品牌建设活动。

危险型林产坚果区域品牌利益相关者,其具有权力性与紧急性两种属性,但是又缺乏合法性属性。在林产坚果区域品牌协同治理初期,该类型的利益相关者为媒体;在林产坚果区域品牌协同治理经验期,该类型的利益相关者为合作社。例如,在林产坚果区域品牌建设过程中各类合作社的参与,其初期参与到林产坚果区域品牌治理的过程中如果没有在科学的统筹范围内可能会增加农户的无序行为,进而增加品牌建设难度。

2. 林产坚果区域品牌利益相关者角色动态变化特征

通过观察表 3.3 与表 3.4 中 Mitchell 三分类评分法的累积性数值和识别结果发现,除了种植企业、加工企业、经销商、村集体/当地社区和林场 5 个利益相关者以外,其他 10 个林产坚果区域品牌利益相关者的角色都发生了变化,且表现出不同的变化趋势。具体表现为：

部分林产坚果利益相关者的角色从相对低级角色发展为高级角色。本研究中，电商平台从初期的依赖型利益相关者转变为经验期的决定型利益相关者，消费者组织/社群从苛求型利益相关者转变为经验期的决定型利益相关者，行业协会从支配型利益相关者转变为经验期的决定型利益相关者，媒体从危险型利益相关者转变为经验期的决定型利益相关者，而科研机构/院校、物流企业和商务咨询机构则从随意型利益相关者转变为经验期的依赖型利益相关者。

部分林产坚果利益相关者的角色从相对高级角色降为了低级角色。本研究中，合作社从初期的决定型利益相关者转变为经验期的危险型利益相关者，当地政府从决定型利益相关者转变为经验期的支配型利益相关者，林业管理部门从支配型利益相关者转变为经验期的随意型利益相关者。

值得说明的是，本研究暂时还未出现林产坚果利益相关者的角色在具有相同累积性数值的角色间转换。

上述林产坚果区域品牌利益相关者角色动态变化如图 3.1 所示。

观察图 3.1 可以发现，在不同的时期林产坚果区域品牌利益相关者的角色发生了变化，具有典型的社会性，这种社会性可以进一步表现为社会网络关系的自组织特征，即林产坚果区域品牌利益相关者间社会网络关系的形成与发展具有开放性与动态性。在林产坚果区域品牌协同治理活动的推进过程中，部分利益相关者会伴随着品牌治理任务的出现与完成，其在"组织"中发挥的作用及扮演的角色也会随之发生变化，因此利益相关者构成的社会网络关系系统是开放性的，产生多重非线性关系。这种开放性的社会网络关系可以在一定程度上促进利益相关者间的资源交互与共享，根据林产坚果区域品牌的培育目标和效应表现，调整网络结构和功能要素。另外，在利益相关者参与协同治理的初期，利益相关者间的社会网络关系稳定性较差，随着利益相关主体间熟悉程度的增加，网络关系质量会发生明显的改善。同时，林产坚果区域品牌建设会形成多个利益相关者协作关系，这既涉及正式关系也会涉及非正式关系，主体间正是通过彼此的优势资源在这一多重非线性网络的作用下实现林产坚果区域品牌的培育目标。林产坚果区域品牌所涉及的生态属性和原产地特征更需要利益相关者之间实现资源的共享和整合，再围绕林产坚果区域品牌增值开展品牌策划、坚果种植、产品加工、现代物流和市场营销的一体化和集成化协同。

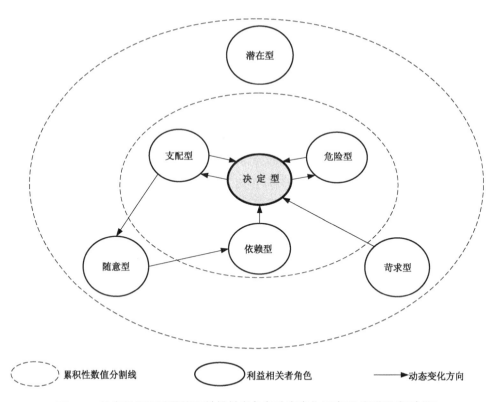

图 3.1　林产坚果区域品牌利益相关者角色动态变化示意图(初期至经验期)

二、林产坚果区域品牌社会网络关系样态

前面对林产坚果区域品牌利益相关者的角色及其在两个时期的变化情况进行了分析,发现林产坚果区域品牌利益相关者除了主体类型的多样化特征以外,其角色也具有多样化特征,更表现出在不同时期的动态变化。下面将在林产坚果区域品牌利益相关者角色及其动态特征分析的基础上,探讨由林产坚果利益相关者构成的社会网络关系的相关特征。

(一)社会网络关系构建

社会网络分析的基础是关系数据,是指表示节点间关系的变量(高磊等,2020;沈丽等,2019)。本研究将林产坚果区域品牌利益相关者视为节点,研究利益相关者间构成的社会网络关系,本研究借鉴张涛等(2017)研究品牌价值网络主体的研究范式。将通过 UCIENT 6.0 软件的 Affiliations 工具将表 3.3 和 3.4 的数据进行转换,获得林产坚果区域品牌利益相关者关系矩阵(Litaker *et al.*,2013),如表 3.5 和 3.6 所示。

表 3.5 林产坚果区域品牌社会网络关系矩阵（初期）

	M1	M2	M3	M4	M5	M6	M7	M8	M9	M10	M11	M12	M13	M14	M15
种植企业（M1）	3	3	1	3	2	3	1	2	3	2	1	1	2	1	2
加工企业（M2）	3	3	1	3	2	3	1	2	3	2	1	1	2	1	2
物流企业（M3）	1	1	1	1	1	1	0	1	1	1	1	1	1	1	0
经销商（M4）	3	3	1	3	2	3	1	2	3	2	1	1	2	1	2
电商平台（M5）	2	2	1	2	2	2	1	2	2	1	1	1	1	1	1
合作社（M6）	3	3	1	3	2	3	1	2	3	2	1	1	2	1	2
消费者组织/社群（M7）	1	1	0	1	1	1	1	1	1	0	0	0	0	0	1
村集体/当地社区（M8）	2	2	1	2	2	2	1	2	2	1	1	1	2	1	1
当地政府（M9）	3	3	1	3	2	3	1	2	3	2	1	1	2	1	2
林业管理部门（M10）	2	2	1	2	1	2	0	1	2	2	1	1	2	1	1
林场（M11）	1	1	1	1	1	1	0	1	1	1	1	1	1	1	0
科研机构/院校（M12）	1	1	1	1	1	1	0	1	1	1	1	1	1	1	0
行业协会（M13）	2	2	1	2	1	2	0	1	2	2	1	1	2	1	1
商务咨询机构（M14）	1	1	1	1	1	1	0	1	1	1	1	1	1	1	0
媒体（M15）	2	2	0	2	1	2	1	1	2	1	0	0	1	0	2

表 3.6 林产坚果区域品牌社会网络关系矩阵（经验期）

	M1	M2	M3	M4	M5	M6	M7	M8	M9	M10	M11	M12	M13	M14	M15
种植企业（M1）	3	3	2	3	3	2	3	2	2	1	1	2	3	2	3
加工企业（M2）	3	3	2	3	3	2	3	2	2	1	1	2	3	2	3
物流企业（M3）	2	2	2	2	2	2	2	2	1	1	2	2	2	2	2
经销商（M4）	3	3	2	3	3	2	3	2	2	1	1	2	3	2	3
电商平台（M5）	3	3	2	3	3	2	3	2	2	1	1	3	3	2	3
合作社（M6）	2	2	1	2	2	2	2	1	1	0	0	1	2	1	2
消费者组织/社群（M7）	3	3	2	3	3	3	2	2	1	1	1	2	1	2	2
村集体/当地社区（M8）	2	2	2	2	2	1	2	2	1	1	1	2	3	2	3

	M1	M2	M3	M4	M5	M6	M7	M8	M9	M10	M11	M12	M13	M14	M15
当地政府(M9)	2	2	1	2	2	1	2	1	2	1	1	1	2	1	2
林业管理部门(M10)	1	1	1	1	1	0	1	1	1	1	1	1	1	1	1
林场(M11)	1	1	1	1	1	0	1	1	1	1	1	1	1	1	1
科研机构/院校(M12)	2	2	2	2	2	1	2	2	1	1	1	2	2	2	2
行业协会(M13)	3	3	2	3	3	2	3	2	3	1	1	2	3	2	3
商务咨询机构(M14)	2	2	2	2	2	1	2	2	1	1	1	2	2	2	2
媒体(M15)	3	3	2	3	3	2	3	2	2	1	1	3	3	2	3

（二）社会网络关系样态

将整理后的数据分别录入 UCINET 6.0 软件,同时利用 NetDraw 工具绘制林产坚果区域品牌社会网络关系图谱结构。节点在网络中的位置决定了其重要性(刘景卿等,2019;詹森华,2018)(如图 3.2 和 3.3 所示)。

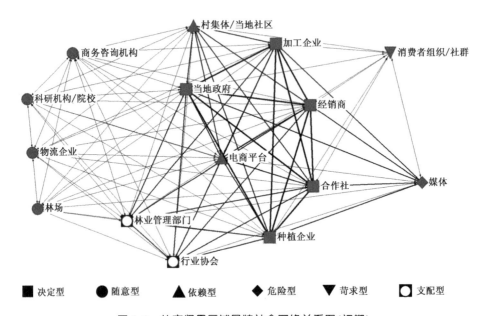

图 3.2　林产坚果区域品牌社会网络关系图(初期)

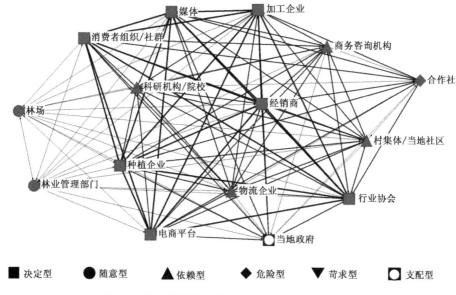

■ 决定型　● 随意型　▲ 依赖型　◆ 危险型　▼ 苛求型　□ 支配型

图 3.3　林产坚果区域品牌社会网络关系图(经验期)

　　观察图 3.2 和 3.3 可以发现,林产坚果区域品牌利益相关者之间存在着较为复杂的社会网络关系,并且在不同的时期(初期和经验期)表现出社会网络关系样态的异质性。具体表现如下:

　　林产坚果区域品牌利益相关者在社会网络中的具体位置发生了变化。说明在不同的时期,同一利益相关者在与其他利益相关者协同关系的变化,抑或是在其他两利益相关者协同关系之间的“媒人”作用发生了变化。

　　林产坚果区域品牌利益相关者构成的社会网络关系在不同时期表现出整体网络关系疏密程度的差异性,可以反映出在不同的时期林产坚果区域品牌利益相关者构成的社会网络关系紧密程度的差异性。

　　林产坚果区域品牌利益相关者构成的社会网络关系在不同时期表现出不同的“小世界现象”,即不同的时期内利益相关者之间的关系的集中程度有着明显的异质性。

三、林产坚果区域品牌社会网络关系测度

　　通过前面构建的林产坚果区域品牌社会网络关系图,可以直观地发现林产坚果区域品牌利益相关者构成社会网络关系的变化特征。本节将在前文分析的基础上,通过选用具体社会网络指标,进一步量化分析林产坚果区域品牌利益相关者构成社会网络关系的特征。

（一）社会网络结构测度

本研究选用中心势和网络密度两个指标对林产品区域品牌社会网络关系进行分析。

中心势反映的是关系网络的整体中心性程度。网络的中心势越大，越说明网络结构趋于不均衡。计算公式为：

$$C'_D = \frac{\sum_{i=1}^{k}\left[\max C_D(i) - C_D(i)\right]}{k^2 - 3k + 2} \tag{3-1}$$

式（3-1）中，C'_D 为网络点度中心势，$\max C_D(i)$ 为网络中最大的点度中心度，k 为网络中的行动者数量。

网络密度是指各行动者之间关系的紧密程度。网络密度越大，行动者间的联系越紧密。计算公式为：

$$D = \sum_{i=1}^{k}\sum_{j=1}^{k}d(i,j)/k(k-1) \tag{3-2}$$

式（3-2）中，D 为网络密度，k 为行动者数量，$d(i,j)$ 为行动者 i 与行动者 j 间的关系的数量。

通过 UCINET 6.0 软件计算得出，林产坚果区域品牌社会网络关系整体网络中心势在两个时期段测度值为 20.58％ 和 7.14％，说明林产坚果区域品牌利益相关者构成的社会网络关系中的权力结构在逐渐均衡。密度在两个时期的数值为 1.35 和 1.81，说明林产坚果区域品牌利益相关者构成的社会网络关系较为紧密且逐步加深。综合以上测度结果说明，随着时间的推移，利益相关者之间的熟悉程度在逐渐加深，进而提升了利益相关者之间的关系质量。

（二）利益相关者中心度测度

中心性是指整体网络中行动者"权力"的大小程度，该指标反映的是行动者在关系网络中的位置（Akgul et al.，2016）。为了全面分析林产坚果区域品牌利益相关者在社会网络中的作用表现，本研究选用点度中心度、接近中心度和中间中心度三个指标从不同的角度进行测度分析。

点度中心度被用于测量网络中行动者自身的交易能力。如果一个行动者与其他许多行动者直接相连，我们就认为该行动者具有较高的点度中心度。计算公式为：

$$C_D(i) = \sum_{j=1}^{n}X_{ij}(i \neq j) \tag{3-3}$$

式（3-3）中，$C_D(i)$ 为行动者 i 的点度中心度，X_{ij} 为行动者 i、j 间的联系量。

接近中心度被用于测量网络中某个行动者不受其他行动者控制的能力。通过该指标可以反映行动者对关系网络结构的依赖性程度。计算公式为：

$$C_C(i) = \left[\sum_{j=1}^{g} d(i,j) \right]^{-1} \tag{3-4}$$

式(3-4)中,$C_C(i)$为行动者 i 的接近中心度;$d(i,j)$表示行动者 i 与行动者 j 之间的距离。

中间中心度被用于测量关系网络中行动者对资源控制的程度,该指标反映了行动者对其他两个行动者间联系的构成所产生的影响程度。计算公式如下:

$$C_B(i) = \sum_{j}^{n} \sum_{k}^{n} \frac{g_{jk}(i)}{g_{jk}} (j \neq k \neq i, j < k) \tag{3-5}$$

式(3-5)中,$C_B(i)$为行动者 i 的中间中心度,g_{jk} 为行动者 j 和行动者 k 之间关系的数目;$g_{jk}(i)/g_{jk}$ 表示行动者 i 处于行动者 j 和行动者 k 之间的概率。

依据公式(3-3)~(3-5),具体计算结果如表3.7所示。

表 3.7　林产坚果区域品牌社会网络关系中心度结果统计

序号	利益相关者	初期			经验期		
		点度	接近度	中间度	点度	接近度	中间度
1	种植企业	100.00	100.00	1.39	100.00	100.00	0.18
2	加工企业	100.00	100.00	1.39	100.00	100.00	0.18
3	物流企业	85.71	87.50	0.00	100.00	100.00	0.18
4	经销商	100.00	100.00	1.39	100.00	100.00	0.18
5	电商平台	100.00	100.00	1.39	100.00	100.00	0.18
6	合作社	100.00	100.00	1.39	85.71	87.50	0.00
7	消费者组织/社群	57.14	70.00	0.00	100.00	100.00	0.18
8	村集体/当地社区	100.00	100.00	1.39	100.00	100.00	0.18
9	当地政府	100.00	100.00	1.39	100.00	100.00	0.18
10	林业管理部门	92.86	93.33	0.49	92.86	93.33	0.00
11	林场	85.71	87.50	0.00	92.86	100.00	0.00
12	科研机构/院校	85.71	87.50	0.00	100.00	100.00	0.18
13	行业协会	92.86	93.33	0.49	100.00	100.00	0.18
14	商务咨询机构	85.71	87.50	0.00	100.00	100.00	0.18
15	媒体	71.49	77.78	0.28	100.00	100.00	0.18

观察分析表3.7中的中心度测度结果发现:

在林产坚果区域品牌社会网络关系发展初期,点度中心度的数值在均值以上水平的林产坚果区域品牌利益相关者是种植企业、加工企业、经销商、电商平台、合作社、村集体/当地社区、当地政府、林业管理部门和行业协会,说明以上林产坚果区域品牌利益相关者与其他利益相关者有较多直接连接;接近中心度的数值在均值以上水平的林产坚果区域品牌利益相关者是种植企业、加工企业、经销商、电商平台、合作社、村集体/当地社区、当地政府、林业管理部门和行业协会,说明以上林产坚果区域品牌利益相关者的独立性较强;中间中心度的数值在均值以上水平的林产坚果区域品牌利益相关者是种植企业、加工企业、经销商、电商平台、合作社、村集体/当地社区和当地政府,说明以上林产坚果区域品牌利益相关者对整个社会网络关系的资源控制的程度较强。

在林产坚果区域品牌社会网络关系发展经验期,点度中心度的数值在均值以上水平的林产坚果区域品牌利益相关者是种植企业、加工企业、物流企业、经销商、电商平台、消费者组织/社群、村集体/当地社区、当地政府、科研机构/院校、行业协会、商务咨询机构和媒体,说明以上林产坚果区域品牌利益相关者与其他利益相关者有较多直接连接;接近中心度的数值在均值以上水平的林产坚果区域品牌利益相关者是种植企业、加工企业、物流企业、经销商、电商平台、消费者组织/社群、村集体/当地社区、当地政府、科研机构/院校、行业协会、商务咨询机构、媒体和林场,说明以上林产坚果区域品牌利益相关者的独立性较强;中间中心度的数值在均值以上水平的林产坚果区域品牌利益相关者是种植企业、加工企业、物流企业、经销商、电商平台、消费者组织/社群、村集体/当地社区、当地政府、科研机构/院校、行业协会、商务咨询机构和媒体,说明以上林产坚果区域品牌利益相关者对整个社会网络关系的资源控制的程度较强。

对比林产坚果区域品牌社会网络关系发展初期和经验期的中心度测度结果发现:相较于初期而言在林产坚果区域品牌社会网络关系发展经验期,更多的林产坚果区域品牌利益相关者表现出较强的资源独立性和直接联系,且种植企业、加工企业、经销商、电商平台、村集体/当地社区和当地政府,在两个时期都表现出较强的社会网络关系的控制能力,即以上林产坚果区域品牌利益相关者对林产坚果区域品牌治理活动及在协同治理中其他利益相关者之间的协同关系拥有重要的影响力。除此之外,随着主体间利益相关者熟悉程度的提升,科研机构/院校、行业协会、商务咨询机构和媒体等服务型机构的作用随之增强。

四、本章小结

本章基于利益相关者理论、协同理论和社会网络关系理论,首先基于文献和Mitchell 三分类评分法对林产坚果区域品牌利益相关者进行分析,然后在利益相关者分析结果的基础上,构建林产坚果区域品牌利益相关者关系图谱,并通过UCIENT 6.0 软件对林产坚果区域品牌社会网络关系开展实证分析,揭示林产坚果区域品牌利益相关者角色与关系的演化特征。研究发现：

　　林产坚果区域品牌利益相关者的角色具有多样化特征，Mitchell 三分类评分法的识别结果发现，不管在林产坚果区域品牌协同治理的初期还是经验期，15 个利益相关者扮演的角色与发挥的作用表现出多样化的特征；林产坚果区域品牌利益相关者角色具有动态变化和自组织特征，除了种植企业、加工企业、经销商、村集体/当地社区和林场 5 个利益相关者以外，其他 10 个林产坚果区域品牌利益相关者的角色都发生了变化，且表现出不同的变化趋势；林产坚果区域品牌利益相关者之间存在着较为复杂的社会网络关系，并且在不同的时期（初期和经验期）表现出社会网络关系在关系紧密性、关系持久性和关系质量上的异质性；种植企业、加工企业、经销商、电商平台、村集体/当地社区和当地政府，对林产坚果区域品牌治理活动及在协同治理中其他利益相关者之间的协同关系拥有重要的影响力。

　　本章研究结论将对探讨林产坚果区域品牌社会网络关系对区域品牌效应提升的影响研究提供重要的理论支撑作用。

第四章　社会网络关系在林产坚果区域品牌协同治理中的作用机理

针对林产坚果区域品牌协同治理下区域品牌效应提升活动的运作机理进行初步分析,以此来构建社会网络关系视角下协同治理对林产坚果区域品牌竞争力提升的初始模型和初始命题。本章的研究对应科学问题二:林产坚果区域品牌协同治理的内在机理是什么?为了解决这一问题,本章使用扎根分析与多案例研究相结合的方法,对样本林产坚果区域品牌的协同治理活动进行了较为严谨的质性研究,通过研究过程中的发现进行重点论述,并提出初始命题,为后续章节中具体研究模型的构建与假设的提出奠定基础。

一、研究方法

(一)扎根理论分析法

质性研究有助于清晰地解释现实中涌现出的新现象(陈晓萍等,2012)。Glaser and Strauss(1967)正式提出了扎根理论分析法。扎根理论分析法在很大程度上克服了传统的质性研究与量化研究之间的逻辑分歧(Hammersley,1989),该方法至今仍被广泛应用,并产生了大量研究成果(范春梅等,2019)。扎根理论研究法的核心逻辑是研究人员带着研究问题从对现实情况的直接观察着手,通过收集与分析一二手数据资料,利用开放式编码、轴心式编码和选择式编码这"三级编码"来提炼出相关概念与范畴(刘冰等,2020;Claser *et al.*,1968),进而揭示出社会经济现象中的概念、范畴和范畴之间的联系及作用规律(如图 4.1 所示)。

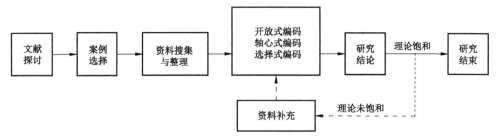

图 4.1　扎根理论研究流程图

本研究选用扎根理论研究法的主要原因在于:第一,本章的研究目的是探索林产坚果区域品牌协同治理活动的内容、模式与条件。这一部分的研究既要回答林产坚果区域品牌协同治理的内容是什么,又要回答如何实现协同治理,因此,本章属于探索性研究。第二,基于本研究的情境性需要。管理学研究的问题应来自具体的情景(贾旭东和谭新辉,2010),鉴于林产坚果区域品牌利益相关者的多元属性和区域品牌要素的多样性,有必要从自然情景出发系统性地探究多利益相关者的协同参与行为。第三,基于研究资料的数据特征。扎根理论研究根植于现实资料与分析的连续互动过程之中(张宁和才国伟,2021),也即"现实数据收集—理论形成—现实数据再收集—理论完善"这一循环往复的过程,具体是指当研究人员发现新的范畴与现有范畴出现不同,就开始对原有理论进行修正(王璐和高鹏,2010)。本书将借助质性分析软件 MAXQDA 2020,对收集获取的一、二手资料开展"三级编码",进而提炼出核心概念和范畴,实现对资料的深度挖掘。

（二）多案例分析法

由于案例是扎根理论分析的重要资料来源,因此案例分析法往往与扎根理论分析法同时出现(王炳成等,2020)。本章的多案例分析将以扎根理论分析的三级编码为方法基础开展案例资料的分析,通过挖掘案例林产坚果区域品牌协同治理活动中的核心概念,锚定后续深度编码的重点与方向,通过循环往复的概念迭代,探求林产坚果区域品牌协同治理的实现过程。同时,多案例研究的"复制逻辑"特征,可以在一定程度上提升本书研究结论的普适性与稳健性(王朝辉等,2013)。

二、案例选择

（一）案例选择标准

鉴于本书的研究主题是林产坚果区域品牌协同治理对区域品牌效应提升的现实管理问题,因此通过对选定的林产坚果区域品牌协同治理活动的扎根分析来实现研究目标。本书具体开展案例林产坚果区域品牌选择的四个标准为:该林产坚果区域品牌存在协同治理,林产坚果区域品牌的创建时间为 2 年以上,种类方面选择以核桃、榛子、杏仁和板栗等市场占有率高的林产坚果和品牌成立形式为政府引导型、行业协会引导型、上游引导型和下游引导型(徐明,2019;杨肖丽等,2020)。同时,所选择的样本林产坚果区域品牌需满足扩散激活理论模型对区域品牌的界定,即"识别特征""形象塑造""品牌联想"和"营销活动"四个指标(Cai,2002)。

（二）案例选取

为了保证本书选取的样本林产坚果区域品牌具有代表性和数据的可获得性,本书借助了 2018 年由国家林业草原局批准成立的国内唯一的全国性林产品品牌行业协会——中国林业产业联合会品牌建设分会所提供的会员资料开展相关样本林产坚果区域品牌的选择与数据收集。中国林业产业联合会品牌建设分会还在 2019 年 1 月成立了由政府、协会、企业、合作社、科研机构和媒体等构成的"中国坚果品牌集群",专门从事全国林产坚果区域品牌的服务、支持和研究工作。因此,本书样本品牌选自中国林业产业联合会品牌建设分会成员单位所参与治理的林产坚果区域品牌。同时,参照 Eisenhardt(1989)对多案例研究的理想个数的建议,本书最终确定了具有代表性的"平泉杏仁""铁岭榛子""黄龙核桃""临安山核桃""扎兰屯榛子""大兴安岭坚果"和"京东京造——宽城板栗"7 个林产坚果区域品牌作为案例品牌,对其协同治理活动进行扎根理论分析研究。本研究样本林产坚果区域品牌的基本信息如表 4.1 所示。

表 4.1　案例品牌基本信息

林产坚果区域品牌名称	品牌类型	林产坚果	区域(原产地)
平泉杏仁、铁岭榛子	政府引导型	杏仁、榛子	河北承德、辽宁铁岭
黄龙核桃、临安山核桃	行业协会引导型	核桃、山核桃	陕西延安、浙江杭州
扎兰屯榛子、大兴安岭坚果	上游引导型	榛子、松子	内蒙古呼伦贝尔、大兴安岭
京东京造——宽城板栗	下游引导型	板栗	河北承德

资料来源:基于对案例品牌访谈所得。

三、数据来源与收集

用于扎根理论分析的资料种类多样,既可以是基于调研访谈所获取的一手资料,也可以是从学术文献、政策报告及媒体报道中摘取出来的二手资料。为了使得案例资料尽可能翔实,且保证研究具有较高的信度和效度,本书采用多种数据来源,利用三角测量法收集研究数据(Yin,2010)。

(一)样本案例数据收集

基于本书的研究主题,考虑到参与协同治理的林产坚果区域品牌的主体的多样性,因此,本研究利用交互式策略选择参与样本林产坚果区域品牌的协同治理参与主体作为具体访谈对象(Fabrizio and Thomas,2012),主要包括林产坚果种植、加工、销售主体、农林主管部门以及参与林产坚果产业区域品牌建设的专业服务机构(媒体、科研院所和咨询机构等)等,共计 39 个参与治理的利益相关主体(组织),如表 4.2 所示。具体数据的获取形式包括:①深度半结构化访谈。研究团队于2018 年 9 月至 2020 年 5 月对选定的上述利益相关主体(组织)的高管和参与区域品牌协同治理相关的部门负责人进行访谈(实地访谈和电话访谈),每次访谈时间约为 1.5 至 2.5 个小时,每次访谈由 2 至 3 位课题组成员共同进行。在本研究阶段共形成了 41.5 个小时的有效访谈录音,研究团队将其整理成 9.8 万字的有效访谈资料。②主体实地观察。考察种植、生产与加工企业总部,参观企业发展历程,旁听内部会议,了解产品、品牌和经营状况。③主体提供的内部品牌资料,包括企业内部规章制度、领导者讲话、内部刊物等。④主体外部资料,包括媒体报道和官网新闻等。

表 4.2　调研对象统计信息

属性	样本	数量/个	百分比/%
分类	种植企业、加工企业、合作社	14	35.90
	当地政府、林业管理部门、林场、村集体/当地社区	6	15.38
	经销商、电商平台、物流企业、商务咨询机构、媒体	12	30.77
	行业协会、科研机构/院校、消费者组织/社群	7	17.95
性质	公共部门	17	43.59
	私营部门	22	56.41
规模	小型	15	38.46
	中型	19	48.72
	大型	4	10.26
	特大型	1	2.56
成立年限	1～3 年	12	30.77
	4～6 年	14	35.90
	7～10 年	6	15.38
	10 年以上	7	17.95
专职品牌管理团队规模	1～5 人	14	35.90
	6～10 人	13	33.33
	11～15 人	8	20.51
	15 人以上	4	10.26

（二）补充数据收集

本研究收集补充资料的手段主要包括：①参加专业会议，参加中国集群品牌论坛、中国林产品集群品牌大会、野三坡开山节和铁岭榛子节等，聆听内蒙古大兴安岭森林工业集团、浙江冠军香榧股份有限公司、中国林业科学院、陕西省西安市杨凌区政府和福建省建瓯市政府等林产坚果企业、相关行业机构和政府部门代表对林产坚果区域品牌发展的认识和观点；②利用中国知网（https：//www.cnki.net）、百度学术（https：//xueshu.baidu.com）、SpringerLink（http：//link.springer.com）、MDPI（http：//www.mdpi.com）和 Elsevier（https：//journalfinder.elsevier.com）等文献数据库，以中英文"品牌""区域品牌""农林产品区域品牌""经济林产品"和"区域品牌协同治理"等为关键词进行检索，甄选研读相关文献；③研读相关政策文件，如"中央一号文件"《乡村振兴战略规划（2018—2022）》《林业产业发展"十三五"规划》《特色农产品优势区建设规划纲要》和《中国特色农产品优势区管理办法(试行)》等；④阅读有关品牌管理的专业书籍或杂志,如《品牌战略管理》《品牌创新》和《农产品区域品牌价值管理》等；⑤研读商业和行业报告资料,如《中国品牌发展报告》《中国自主品牌评价报告》《坚果产业发展报告》和《中国地理标志品牌发展报告》等；⑥通过八爪鱼和后羿两种大数据挖掘软件,采用主观选词法,以天猫和京东两个电商平台中强调品牌性和实用性的普通林产坚果专营店作为收集数据的对象,开展数据挖掘与分析等。

在数据获取与编码过程中,为了保证数据处理过程的信度和效度,本书采取如下做法:第一,为保证编码过程的信度,在作者完成编码后,邀请项目团队其他成员进行核对,异议处由研究团队讨论达成一致;第二,为保证编码条目的有效性和真实性,研究团队注重采用多种数据来源对原始资料进行核验;第三,在数据编码过程中注重数据资料和现有理论的匹配,以增强概念的理论高度和研究结论的普适性(许辉和单宇,2018);第四,在编码的过程中,我们注重将单案例中提炼出的概念进行跨案例比较和归纳,保证理论构建的饱和度;第五,为进一步保证理论饱和度,在数据编码阶段,当初步的编码过程结束后,团队中两名编码人员会将编码结果在研究团队中进行讨论,修改表述不当之处,并增添遗漏的概念和范畴,然后编码人员会将完善后的编码结果再次与研究团队进行商议,如此反复,直至不会产生新的概念或范畴为止,从而得到最终的编码结果;第六,在开始正式访谈之前,将设计好的半结构化访谈提纲发送给受访对象,以便让他们充分回忆其所在组织参与林产坚果区域品牌协同治理活动的具体经历;第七,在正式访谈期间,研究人员详细介绍了本研究的背景,同时强调真实回答的重要意义并对研究的保密性作出承诺,用以降低社会称许性。

四、数据编码

本研究依据开放式编码、轴心式编码和选择式编码的扎根理论研究逻辑,对已获取的数据范畴进行深入分析(Glaser *et al.*,1968)。在反复的数据整理、分析和修改的基础上,抽象出林产坚果区域品牌协同治理的初始模型和初始命题。具体的数据编码过程如下所述:

(一) 开放式编码

开放式编码,是指通过对获取的原始数据资料进行逐字逐句的编码,进而归纳出相应的初始概念并将其与已有概念进行类比,再将其范畴化的过程(王玮和徐梦熙,2020)。本书在开放式编码过程中,首先对 7 个样本林产坚果区域品牌的相关资料逐一进行编码,然后将编码结果进行整合汇总,并对提炼出的相关概念进行循环往复的类比分析,最后提取出研究的初始范畴。通过以上编码过程,在本阶段提炼出来企业规模、产业成熟度、产品质量和智慧农业等 177 个概念,在此基础上进一步开展类比分析工作,最终归纳出 72 个初始范畴。表 4.3 和表 4.4 为开放式编码过程中提炼概念与初始范畴的部分示例。

表 4.3　开放式编码概念形成示例

初始语句	概念
Aa2 林产坚果经营主体总体规模小,开展市场化发展的时间较短,开展普通形式的产品品牌建设的条件并不是很充分;Ba4 需要依靠林产坚果产业的区域特色开展品牌化建设……	X1 产业特征
Aa21 林产坚果是重要的林下经济产品,它本身具有林产品与农产品的双重属性,消费升级背景下,市场的倒逼机制,对培育林产坚果区域品牌是有益的……	X2 市场需求
Ca7 之所以各类农林企业愿意支持开展林产坚果区域品牌建设工作,是因为企业品牌的发展需要借助林业产业区域品牌的光环……	X3 企业目的
Bb12 我们国家林业资源十分丰富,如何开展资源的有序市场化,是值得讨论的。林产坚果区域品牌的开展是一个很好的思路,借助品牌,可以将林业资源的优势推广出去……	X4 品牌功能
……	……
Ca4 产品的技术创新、品类创新和商业模式的创新是我们企业发展的重点,也是我们立足的根本;Da6 我们与林科院和山东农科院等科研机构都有很好的合作,公司已经拥有了多项专利技术,这与专业机构的支持是离不开的……	X10 企业技术与模式创新
Cb17 强化企业质量主体作用,加强质量监督管理,创新质量发展机制,实施质量提升工程、质量品牌工程……	X11 质量品牌
Da3 我们很多客户会关注品牌价值的形成,但是往往会将品牌价值与产品销量相混淆;Da32 其实品牌价值是品牌持有者与消费者共同的认知,然后才是消费行为的检验……	X12 品牌的消费者认知
……	……
Aa6 林业产业需要长远的发展,需要市场的支持,通过我们国家的努力,现在中国森林认证委员会(CFCC)与森林认证体系认可计划(PEFC)实现互认,是我国林产品质量建设的重要里程碑……	X25 森林认证
Ba12 西北农林科技大学位于杨凌,我们拥有得天独厚的农林科技人才优势,这为我们当地农林科技品牌的塑造奠定了人才基础……	X26 人才支撑
Ca122 林产坚果区域品牌的建设需要关注林产坚果的生态属性,从生态意义上做文章,认准消费者的真实需求,提供合理的差异性产品是关键……	X27 林产坚果生态意义

初始语句	概念
Ab36 激发全社会参与林业品牌建设的积极性与创造力,形成一批特色林产品区域品牌……	X28 多主体协同参与
Ca19 完成特色坚果产品从"帮扶"到"自我创新"的变化,从而实现当地坚果产业的升级;Da3 新一季坚果上市,每户村民能挣个 5000~10000 元……	X29 品牌溢价作用
Ba8 各类林业坚果之所以受欢迎,主要是它迎合了目前消费者需要更天然、健康、绿色坚果产品的诉求……	X30 消费者的品质追求
……	……
Aa22 京东等电商平台与国务院扶贫办签署了专门的电商扶贫文件……	X51 政策扶持
Ca62 为种植户提供了一整套"互联网＋"解决方案,种植户、合作社保质保量提供林产坚果产品,平台以市场价进行收购……	X52 科技兴农
Ca63 产品溯源技术实质上就是现代物联网技术应用的缩影;Ba94 目前各种专业化的门户网站越来越多,可以帮助种植户很快地获取市场信息,这也是目前农户对于互联网技术的最直接的体会……	X53 互联网技术
Ba108"大兴安岭野生"品牌一上市,多家媒体就对该林产坚果区域品牌进行了报道;Ba109 从公司高管到一线员工构成了极强的品牌传播矩阵……	X54 市场宣传
Db2 借助集体开展品牌化优势明显,国际标准、行业标准和团体标准的建立都可以提升林产坚果区域品牌的价值;Db33 我们专门研究过韩国的"农心"品牌,这其实就是一个行业协会的品牌,但是其具有极大的市场影响力,从本质上看就是这个协会制定的各项标准发挥了作用……	X55 标准化水平
……	……
Db3 通过会员制的手段进行客户管理,形成多商户共建共享区域品牌的生态系统;Db4 伴随着林产坚果品类的持续增多,客户的选择范围在不断扩大……	X72 规模化生产
Cb1 通过高标准来保证产品质量,为广大消费者提供更健康与绿色的林产坚果;DB2 利用大数据分析技术,深度分析消费者的需求……	X73 品质产品探索
Cb7 沃尔玛、京东和清华大学等单位共同发起成立了产品溯源技术联盟;Db3 中国林业产业联合会品牌建设分会推广产品溯源码……	X74 品质溯源技术发展
Db9 从种植、采摘、包装、加工到物流仓储,力求在产业链的各环节都要严格执行各标准;Ab16 我们在产品包装的规格与样式、产品的产地和品种等方面都制定了具体的标准;Ab19 在 2019 年《林产坚果区域品牌价值评价标准》开始征询推广……	X75 寻求标准化生产
……	……

初始语句	概念
Db1 协会还与铁岭市林业主管部门达成协议,协同合作引入优质商户对铁岭榛子进行线上线下的宣传和销售;Db26 去年我们公司曾派业务人员从山东去铁岭收订十多吨榛子用于加工饮品;Ca19 单独依靠种植企业进行市场的开发是不行的,我们通常会联系更多的经销商和科研机构一起进行市场研究……	X151 建立联盟
Db27 我们这里杏仁的种植已经有数十年的历史……	X152 产品历史
Ca1 通常会通过实地调研或者开放交流平台,获取全国林产坚果的生产与销售信息,通过专家委员讨论的形式给出合理化的区域品牌发展建议……	X153 产销渠道对接
Da3 大兴安岭是野生坚果之乡,该地区具有得天独厚的森林资源,这里的坚果产品更加天然生态;Db4 自己是土生土长的陕西人,对家乡产的核桃情有独钟,每次只会选择家乡产品……	X154 原产地价值
Db61 电商平台最大的优势就是互联网用户,选择优质电商平台既可以帮助我们实现坚果产品的销售,又可以帮助我们积累消费者口碑;Ca21 陕西多家核桃种植与加工企业都与各类电商平台签订过合作协议,这是陕西利用电商推进现代农业发展的重要手段……	X155 平台吸引力
……	……

注:(1)a 和 b 分别代表半结构访谈和其他补充材料。(2)X 代表概念编码。(3)A、B、C 和 D 分别代表政府引导型品牌、行业协会引导型品牌、上游引导型品牌和下游引导型品牌。(4)内容来源于作者整理的扎根资料。

表 4.4　开放式编码初始范畴形成示例

初始范畴	包括概念	范畴内涵
S1 品牌强农	X11 质量品牌、X29 品牌溢价、X76 品牌美誉度	推动林产坚果区域品牌建设,通过区域品牌的美誉度实现品牌溢价,增加产业链主体的收入
S2 集聚效应	X28 多主体协同参与、X31 产业链集聚	将林产坚果区域品牌的多元主体联合起来,形成协同合作,这将有利于产业链中主体要素的集聚
S3 模式创新	X33 营销模式创新、X34 种植模式创新	随着市场环境和科学技术的快速变化,通过现代技术与管理手段实现林产坚果的种植模式创新和营销模式创新将有利于产业的进一步发展

初始范畴	包括概念	范畴内涵
S4 消费升级	X14 消费水平提高、X30 消费者的品质追求	林产坚果区域品牌效应的实现依赖于消费者消费水平与消费追求的提升
......	......	......
S15 渠道对接	X17 宣传渠道对接、X34 市场渠道对接	在林产坚果区域品牌发展的中后期,品牌的市场价值的实现离不开产品的宣传与销售
S20 质量标准	X39 种植标准、X55 标准化水平	区域品牌作为一个公共品牌,对于产品的重要品质管理手段就是各项质量标准的制定与执行
S21 科技农业	X52 科技兴农、X53 互联网技术	现代技术的应用是实现林产坚果生产与营销创新的重要基础
......	......	......
S30 渠道融合	X62 线上宣传、X77 电商专供、X78 卖场特供	线上与线下的融合是如今林产坚果产品营销的主战场,二者缺一不可
S31 需求分析	X66 市场信息共享、X67 共商市场需求	市场是检验林产坚果区域品牌建设效果的重要手段,而区域品牌利益相关者的市场信息分享决定了市场进入的可能性
S35 农村金融	X69 农业贷款支持、X71 农资租赁支持	现代农业金融手段是解决生产资料购置、渠道搭建和管理的重要手段之一,多主体的合作将有利于资金来源
S40 产地直采	X82 原产地供应、X83 现代物流支撑	林产坚果及其生长的区域是林产坚果区域品牌塑造的两个关键要素,物流则是连接市场与产地的脉络
S41 品牌故事	X85 打造明星产品、X92 培育市场认同	林产坚果区域品牌效应的可持续性来源于消费者的认同,利用明星产品拉近品牌与消费者的距离
S47 多主体协同	X51 政策扶持、X102 非政府支持	林产坚果产业涉及的利益相关者众多,政府的支持和各类企业单位的支持同样会发挥重要作用
S50 品牌生态系统	X151 建立联盟、X153 产销渠道对接	林产坚果区域品牌利益相关者之间围绕区域品牌的创建与使用构成了复杂的组织关系和渠道关系

续表 4.4

初始范畴	包括概念	范畴内涵
S60 产品价值	X46 产品营养价值、X121 产品消费文化价值	林产坚果之所以处于快速发展期,除了消费升级的市场端作用,更离不开林产坚果自身的自然与文化特征
……	……	……

注:(1)X 代表概念编码。(2)S 代表初始范畴编码。(3)内容来源于作者整理的扎根资料。

(二)轴心式编码

轴心式编码,是指将彼此相对独立的范畴之间潜在的逻辑串联起来,进而对开放式编码结果的重新归类,最终归纳出主范畴的过程(刘冰等,2020)。本研究在 Corbin and Anselm(1990)提出的"条件—行动—结果"编码逻辑的基础上,深入分析每一个初始范畴的性质和所属层面,然后通过多次在初始范畴之间开展类比分析,试图构建这些初始范畴之间的内在逻辑关系,直至初始范畴全部达到饱和状态,在此过程中,涌现出多个范畴之间的联系。例如,在开放式编码阶段形成的初始范畴"资金补贴""指导规划"和"政策引导"在 Corbin and Anselm(1990)提出的范式模型下可以被整合为一条"轴线",即政府可以通过资金补贴、技术对接和营商环境的塑造等行政行为,助力林产坚果区域品牌协同治理活动的顺利进行,以此表明政府支持林产坚果区域品牌的态度。因此可以将以上几个范畴归纳为一个主范畴——"政府支持"。按照上述编码逻辑,在本阶段最终将上一阶段编码得到的 72 个初始范畴归纳出副范畴 17 个、主范畴 6 个,轴心式编码的过程示例如表 4.5 所示。

表 4.5　轴心式编码过程

主范畴	副范畴	初始范畴
M1 品牌导向	T1 品牌导向	S1 品牌强农、S4 消费升级、S5 品牌规划、S18 品牌经济
	T18 品质保障	S45 健康理念、S71 全程保鲜、S68 优良品质
M2 区域赋能	T2 政策支持	S9 营商政策、S10 区域品牌政策
	T14 金融支持	S28 金融租赁、S35 农村金融、S39 农村信贷、S53 林业保险
	T8 数据支持	S11 数据集成、S25 数据互通、S31 需求分析、S32 市场画像
M3 组织赋能	T3 组织重塑	S12 非正式关系、S19 正式关系、S22 组织信任、S47 多主体协同、S50 品牌生态系统、S56 关系质量
	T9 互惠合作	S24 农户生产、S36 政府扶持、S37 平台投入

主范畴	副范畴	初始范畴
M4 生产赋能	T6 标准化管理	S13 产品保险与储存标准、S20 产品质量标准、S34 种植与加工过程标准化
	T7 技术支持	S8 互联网＋、S14 生态农业、S21 科技农业、S26 智慧农业、S43 科技培训
	T19 产品认证	S48 行业认证、S52 质量认证、S54 品质溯源、S55 森林认证
M5 营销赋能	T11 物流支持	S6 冷链物流配送、S27 质量安全追溯、S62 智能物流、S66 物流网络建设
	T20 营销支持	S3 模式创新、S29 公益营销、S41 品牌故事、S42 情感营销、S44 差异营销、S49 明星效应
	T16 品牌文化	S57 品牌概念新颖、S61 创新生态农场模式、S63 产地效应、S67 情感共鸣、S69 产品历史
	T21 服务创新	S7 购物方便、S33 品牌信任、S58 精准送达、S64 客服保障
	T4 产销对接	S15 渠道对接、S23 线上线下对接、S30 渠道融合、S38 定制服务、S40 产地直采
M6 品牌效应	T17 品牌价值	S60 产品价值、S65 渠道价值、S70 产地价值、S72 文化价值
	T10 品牌效应	S2 集聚效应、S16 背书效应、S17 光环效应、S46 溢价作用、S51 规模生产、S59 范围效应

注:(1)M 代表主范畴编码。(2)T 代表副范畴编码。(3)S 代表初始范畴编码。(4)内容来源于作者整理的扎根资料。

(三) 选择式编码

选择式编码是指从主范畴中归纳出核心范畴,对主范畴之间的逻辑关系、核心范畴与主范畴之间的逻辑关系进行深入分析,并以"故事线"的方式描绘出这些范畴之间的关系,同时加以理论化的编码过程(Strauss and Corbin,1990)。核心范畴与研究主题密切相关,表现为其会在编码过程中自然地多次出现,能够解释整个研究过程。经过分析,本研究发现所有范畴可以分为组织协同、任务协同和区域品牌效应三大类。

进一步比较分析后,本研究发现产业规模和产业特征分别代表开展林产坚果区域品牌协同治理所需的不同要素,具备理论一致性,因此将其归入的范畴为产业选择。其内涵是:林产坚果区域品牌利益相关者协同参与的模式受到林产坚果规模和产业特征的影响,主要是各类林产坚果加工企业和农林行业协会的品牌化行为来源；区域的政治约束、经济约束和社会文化约束归纳为区域选择，是各类政府机关和涉农涉林国有企事业单位的品牌化行为来源；林产坚果的产品功能和产品消费形式的需要归为市场选择，是各类消费者品牌化行为来源。在梳理范畴间的关系和逻辑后，能够发现如下故事线，即政府部门、行业组织和加工企业等创建主体，其共同参与的林产坚果区域品牌受产业规模、产业特征、区域政治、经济与文化发展需要，以及消费者对林产坚果及其消费形式的新要求的影响，创建主体需要协同各专业第三方机构形成品牌共建组织开展协同机制，满足林产坚果区域品牌重塑的需要。因此，通过选择式编码产生的核心范畴可以表示为通过实现条件、实现方式和品牌成长共同促使林产坚果区域品牌协同治理的开展。为了更加直观地展示核心范畴之间存在的内在逻辑关系，通过图4.2对数据编码的过程加以展示。

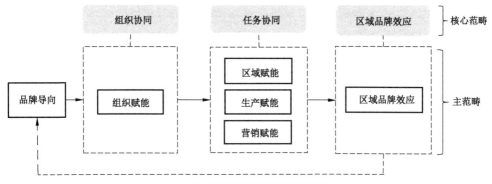

图 4.2　主范畴与核心范畴模型

　　当林产坚果区域品牌的社会网络中具备较多的稀缺性资源时，其相对于林产坚果区域品牌价值链上的其他主体具有了较高的位势，此时社会网络的位势形成了驱动各利益相关主体参与林产坚果区域品牌协同治理活动的动力源。林产坚果区域品牌的社会网络通过这种"结构优势"形成优势资源的赋能平台，通过生产赋能和营销赋能提升区域林产坚果产业价值链上其他利益相关主体的种植、生产、加工和营销等发展能力。因此，在林产坚果区域品牌的社会网络这一赋能平台优势位势的驱动作用下，区域林产坚果产业链上各利益相关主体之间更易形成互惠共生的林产坚果区域品牌价值共同体，共同实现林产坚果全产业链品牌价值的创造，林产坚果区域品牌协同治理的最终结果是实现林产坚果区域品牌效应提升，实现区域品牌引领作用下的当地林产坚果产业的高质量发展。

（四）理论饱和度检验

　　在本研究的理论模型初步确立之后，参考 Connorm et al.（2008）的检验范式，对理论模型进行理论饱和度检验。具体是指，通过对预留的两家企业以及品牌会议的访谈数据资料进行逐字逐句的编码后，发现林产坚果区域品牌协同治理实现路径扎根研究的各个范畴发展已较为完备，并没有继续出现的新概念和范畴。此外,研究人员将编码结果反馈给三位以上农林经济与品牌管理领域的专家教授,经过反复调整直到看法和结论总体保持一致。因此,可以认为本研究构建的林产坚果区域品牌协同治理实现路径理论模型达到了理论饱和。

五、研究发现

已有研究认为,开展林产坚果区域品牌具有多元主体特征(唐松,2015;Keller and Richey,2006),品牌创建所需资源需求的多样性决定了主体的多元性(赵卫宏和孙茹,2018),而不同主体间优势资源的差异性和协同行为目的的差异性又决定了主体间交互行为的多样性。在已有研究的基础上,本研究通过编码分析发现资源势差是驱动力来源,主体间关系是组织基础,结构赋能与资源赋能则是手段。主范畴之间的关系连接则是由林产坚果区域品牌形象所需要素资源进行串联,即资源交互是主体间的协同内容。

利益相关者的共同参与是林产坚果区域品牌建设过程中的各项任务得以完成的基础。其中,政府部门作为区域治理的主体,承担着产品技术标准、质量管理和市场监督等市场环境规制的制定与实施任务,此外也扮演着区域品牌建设倡导者的角色。行业组织作为政府与企业之间的"桥梁",起着沟通平台与促进林产坚果产业规模化生产的作用。而林产坚果产业内的种植与加工主体作为林产坚果的生产者与销售者,其作用体现在林产坚果区域品牌的全过程。利益相关者协同机制的林产坚果区域品牌正是通过产业内的经营主体向各类消费者提供具有林产坚果区域品牌标识的产品,才能够保证在各类消费者心目中建立起清晰的产品差异化认知。与此同时,为了保证林产坚果区域品牌建设实践的专业化程度,政府部门、行业组织和产业内的种植与加工企业在充分发挥自身优势资源的同时,通常会借助科研机构、品牌咨询机构和人才机构等专业第三方机构的优势资源,共同参与到以林产坚果为载体的科技创新、功能改进和品牌形象创新等活动中来,进而形成与其竞争的同类产品品牌之间的差异化。在此过程中,也会借助媒体、物流和各类商贸机构的产品宣传与销售渠道,向区域内外的消费者提供林产坚果区域品牌信息与产品,最终实现林产坚果区域品牌效应。

本研究通过对获取的一、二手数据的编码和分析,主要发现有三个:一是林产坚果区域品牌协同治理的内容;二是对林产坚果区域品牌协同治理实现路径进行归纳,提出"林产坚果区域品牌协同治理双实现路径"的理论模型;三是林产坚果区域品牌协同治理实现条件。

(一)林产坚果区域品牌协同治理内容

通过扎根理论分析发现,林产坚果区域品牌协同治理包括任务协同和多维网络治理两方面的内容(如图 4.3 所示)。多维网络的研究客体是相互关联的利益相关者主体,由于任务与自身资源的差异性,每个主体都具有独自的组织网络。利益相关者之间通过相互沟通和资源共享,在区域品牌营销策划和产品提质增产方面实现协同合作。

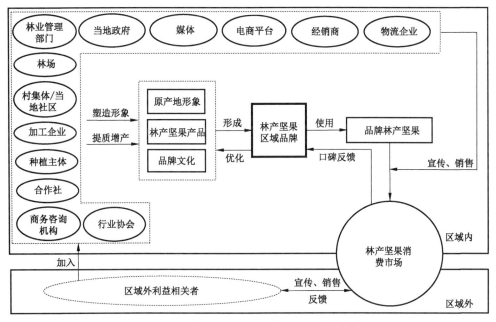

图 4.3　林产坚果区域品牌协同治理内容框架

1. 任务协同治理

　　林产坚果区域品牌参与主体的协同过程源于林产坚果区域品牌的建设需要,在相对独立的主体之间,林产坚果区域品牌赋予了不同主体一定的任务依赖关系而聚集到一个品牌建设团队中,起到构建知识之间的交流、整合不同技术和渠道等资源的作用。而基于林产坚果区域品牌创建活动而形成的利益相关者伙伴关系,可以帮助不同参与主体获得"结构性支持",进而降低因林产坚果种植与经营环境的不确定性带来的交易成本。当林产坚果区域品牌治理进程中遇到阻碍时,品牌建设团队会针对具体问题通过研讨、试验提出新的方案来进行解决,这种特定的解决方案最终会由加工企业以林产坚果为载体,形成区域品牌林产坚果产品,应用到商业化过程中,通过这种利益相关者的协同治理过程实现了林产坚果区域品牌治理。

　　通过探索性案例分析发现,林产坚果区域品牌协同治理的内容视为围绕构成区域品牌的"产品""区域"和"品牌文化"三要素开展,并可以进一步提炼成以林产坚果提质增产为主要目的的产品创新协同和以林产坚果区域品牌内涵增加及产品销售为主要目的的营销创新协同。这里的"创新"目的在于形成林产坚果区域品牌的差异性,既可以是林产坚果产品品质、品类和技术上的差异性,也可以是区域品牌内涵和销售形式上的差异性等。

2. 组织协同治理

不同的利益相关者参与上述林产坚果区域品牌差异性塑造的过程中,除了受利益相关者之间正式契约的约束,还受到主体之间关系的影响,主要通过影响利益相关者的情感和认知起作用。在利益相关者之间协同或交流的过程中,利益相关者之间的情感表现通常会直接影响利益相关者的主体间的协同行为,进而影响在协同过程中主体自身对协同期望收益和自我效能的认知。因此,林产坚果区域品牌利益相关者之间的关系并不只是传统商务上的正式型契约关系,同时也属于基于互信互利而构建的关系型契约。其中,非正式契约关系的治理通常是通过各种手段使关系中的利益相关主体能够依照协同的任务自觉行事,关系契约中更看重利益相关主体之间的信任,这种在信任基础上构建的关系可以在一定程度上避免部分成员的机会主义行为。通过本书的实证研究结果发现,要实现林产坚果区域品牌协同治理的顺利进行,一方面需要对各林产坚果区域品牌利益相关主体之间协同关系开展治理,另一方面需要对林产坚果区域品牌的协同创建任务进行治理。例如,通过建立林产坚果区域品牌协同治理行为的公示机制,可以同时评价利益相关主体个人的美誉度和信用度等,这些指标既能满足利益相关主体的自我效能感需要,又能激励其他利益相关主体的参与行为。

(二)林产坚果区域品牌协同治理实现路径

林产坚果区域品牌的协同主体主要涉及政府、行业组织、企业和专业合作社的广泛、深入参与,其最终的目的是通过协同机制形成非同质资源的集聚优势,提升当地林产坚果的市场竞争力。通过三级编码发现,林产坚果区域品牌协同治理实现路径为以政府为主导的自上而下的主体协同治理路径和以加工企业为代表的市场主体主导下的自下而上的主体协同治理路径,具体实现形式如图4.4所示。

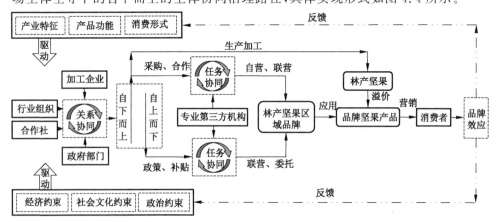

图4.4 林产坚果区域品牌协同治理实现路径理论模型

自上而下的实现路径,是指在区域林产坚果产业发展历史短、规模化程度较低的情况下的主体选择模式,政府通过制定区域品牌发展政策和补贴的形式调动加工企业、行业组织、合作社和专业第三方主体参与到林产坚果区域品牌的建设中来,再通过联营或委托运营的形式处置林产坚果区域品牌的使用权,最终通过品牌坚果产品的市场营销活动,实现林产坚果区域品牌的市场价值。自下而上的模式,是指在区域林产坚果产业发展历史较长、规模化程度较高的情况下的主体选择模式,以加工企业、行业组织、合作社为主导,政府为辅助,在自有林产坚果产品品牌的基础上,通过采购服务的形式联合专业第三方主体参与到林产坚果区域品牌的建设中来,再通过自营或利益相关者联营的形式处置林产坚果区域品牌的使用权,最终通过品牌坚果产品的市场营销活动,实现林产坚果区域品牌的市场价值。

(三)林产坚果区域品牌协同治理实现条件

在林产坚果区域品牌协同治理过程中,创建主体、资源主体和消费者主体之间具有互为条件、相互促进的内在联系。林产坚果区域品牌是不同主体在区域林产坚果基础上的品牌要素的集成;创建主体是林产坚果区域品牌的采纳者,林产坚果是区域品牌的效应实现载体;消费者主体和创建主体的需求决定了林产坚果区域品牌的发展方向,林产坚果的产品生产能力和品牌应用能力影响着林产坚果区域品牌的实现效果;林产坚果区域品牌必须通过导入市场才能实现其商业价值。整个运行过程的本质就是各种品牌价值要素流动增值的过程。在这一过程中两类关键因素促成了利益相关者协同参与林产坚果区域品牌治理,一是资源势差,二是利益需求。主体间的资源势差即多元主体间的资源不对称,这种不对称为主体间参与林产坚果区域品牌治理提供了可能性。而品牌作为一种重要的非价格竞争手段,在其形成过程中会表现出明显的产品溢价,主体间的利益需要正是产品因品牌而增值后的价值分享的需要,这种需要为主体间参与林产坚果区域品牌治理提供了动力源泉。

六、初始模型与初始命题

林产坚果区域品牌是多元主体在判断自身资源势差与外在压力的基础上开展的品牌共建行为。通过本章研究发现,从政府与市场两个角度出发,尊重彼此利益诉求,保障协同机制的实施与效果。政府方面,从利用政策和补贴手段,引导、管理协同机制的参与主体行为和公共要素的合理配置,明晰参与的主体、方式和组织形式。市场方面,以区域龙头企业为主导,发挥企业的经济主体优势,通过市场筛选出林产坚果区域品牌价值的构成要素,检验协同机制效果,并且充分发挥行业组织的沟通桥梁作用,维系多元主体协同关系持续、健康的发展,进而为林产坚果区域品牌提供资源与组织保障。合理的资源与环境压力是主体协同开展林产坚果区域品牌治理的动力。参与林产坚果区域品牌的不同主体间的资源与环境压力有着较为明显的差异性。不同主体应增加自身的资源获取能力,判断自身资源对不同主体的价值,探索资源互补的可能性。建立基于林产坚果区域品牌建设的协同机制,一方面可以保障协同的有序进行;另一方面可以保障主体间的利益分配,进而促进林产坚果区域品牌的良性发展。从协同学的角度分析,林产坚果区域品牌的协同治理活动是在利益相关主体间形成的协同机制的作用下通过协同治理活动实现各利益相关者相互沟通、相互协作,使组织平台内部要素之间相互作用,实现区域林产坚果产品创新与营销创新的高效协同,促进林产坚果区域品牌效应提升。

综上,提出本研究的初始概念模型(如图 4.5 所示)和初始研究命题。

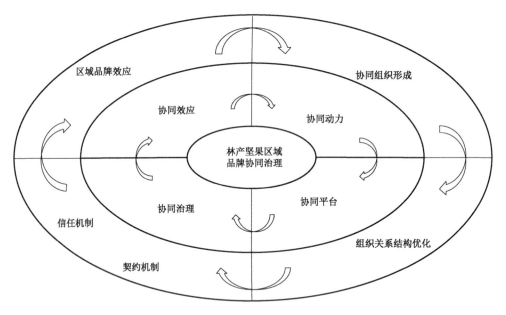

图 4.5　林产坚果区域品牌协同治理初始概念模型

如图 4.5 所示,本研究认为林产坚果区域品牌效应的实现需要经历"协同组织形成—组织关系结构优化—协同治理—区域品牌效应"四要素。协同组织形成要素是指参与林产坚果区域品牌协同治理活动的利益相关主体形成组织关系,该阶段是利益相关主体合作的开始阶段,本书第三章通过 Mitchell 三分类评分法分析发现林产坚果区域品牌利益相关主体的多样性及其角色的动态变化特征。协同组织关系结构要素是指由利益相关者构成的组织内部关系情况,通过构建高质量的社会网络关系提升利益相关者间协同效应的可能性。通过第三章社会网络关系的实证分析发现,由林产坚果利益相关者构成的社会网络关系具有明显的复杂性,同时该协同组织具有自组织特征,即存在着明显的开放性与动态变化特征。协同治理要素是指林产坚果利益相关者之间就区域品牌协同创建而制定的任务与关系调节机制,通过第四章探索性案例分析发现,林产坚果区域品牌利益相关者之间的关系并不只是传统商务上的正式型契约关系,同时也属于基于互信互利而构建的关系型契约。而林产坚果区域品牌效应在该初始模型中既是结果又是要素,因为林产坚果区域品牌的协同治理活动是一个持续进行的经济行为,当林产坚果区域品牌效应达到利益相关者预期目标后,一方面将会促使原参与主体继续增加区域品牌要素的投入,另一方面也将会吸引更多新主体加入林产坚果区域品牌协同治理活动之中。同理,如果林产坚果区域品牌效应并未满足参与主体的诉求,将会对协同组织关系的稳定性和区域品牌要素资源的后续投入产生严重的负面影响。

初始命题:

命题1:林产坚果区域品牌社会网络关系正向影响林产坚果区域品牌效应提升。

命题2:林产坚果区域品牌社会网络关系对林产坚果区域品牌效应提升的影响会随着时间改变。

命题3:林产坚果区域品牌社会网络关系正向影响协同治理。

命题4:林产坚果区域品牌社会网络关系对协同治理的影响会随着时间改变。

命题5:林产坚果区域品牌协同治理正向影响林产坚果区域品牌效应提升。

命题6:林产坚果区域品牌协同治理对区域品牌效应提升的影响会随着时间改变。

命题7:林产坚果区域品牌协同治理对"社会网络关系——林产坚果区域品牌效应提升"具有中介作用。

七、本章小结

本章运用扎根理论分析和多案例研究相结合的方法开展社会网络关系视角下林产坚果区域品牌协同治理的探索性案例研究,构建了林产坚果区域品牌协同治理概念模型。研究结果显示,林产坚果区域品牌由产业选择、区域选择、市场选择、组织关系重塑和品牌形式重塑5个主范畴构成,这些主范畴之间的交互作用形成了林产坚果区域品牌;林产坚果区域品牌治理的过程是品牌要素汇聚与传递的过程,主体间的品牌要素资源势差和主体间的利益差异为要素的汇聚提供了可能性与动力;林产坚果区域品牌利益相关者协同模式主要有两种形式,即以政府为主导的自上而下的主体协同模式和以加工企业为代表的市场主体主导下的自下而上的主体协同模式。

林产坚果区域品牌效应的提升需要利益相关者构建一个高质量的组织作为协同治理的信息与资源交互平台。本研究发现林产坚果区域品牌社会网络关系作为一个赋能平台,为协同治理活动的实现和协同行为的标准化提供了接口。由于林产坚果区域品牌利益相关主体涉及以政府为代表的公共主体、以种植与加工企业为代表的市场主体和以各种行业组织为代表的非政府机构等多元利益相关主体，以上主体通过社会网络关系实现产业链上、下游的资源对接与品牌治理行为的标准化。利益相关者间的资源差异，特别是社会网络关系具有的资源优势驱使利益相关者参与林产坚果区域品牌协同治理，通过区域内各利益相关主体的合力提升林产坚果区域品牌效应。

第五章 社会网络关系对林产坚果区域
品牌效应提升模型构建

本书第三章实证分析了林产坚果区域品牌利益相关者的角色及其构成的社会网络关系的动态变化特征。第四章通过探索性案例分析归纳出了林产坚果区域品牌协同治理的内容、形式和条件,并提出了研究的初始命题。本章将基于第三章和第四章的研究结论,进一步结合 S-C-P 范式和社会网络、协同学和联盟治理等理论,及关于产品创新网络关系、营销创新网络关系、协同治理、关系治理和林产坚果区域品牌效应提升各变量的前期研究,深入探讨变量之间的关系,完善第四章提出的初始研究命题,提出具体的概念模型和研究假设。主要内容涉及社会网络关系与林产坚果区域品牌效应提升之间的关系,社会网络关系与协同治理之间的关系,协同治理与林产坚果区域品牌效应提升之间的关系,协同治理在社会网络关系与林产坚果区域品牌效应提升之间的中介作用。

一、模型要素与理论模型构建

S-C-P 范式(结构-行为-绩效)是产业组织应用问题研究的经典范式和规范分析框架,该范式解释和预测了社会网络结构、企业行为和绩效之间存在着相对稳定的因果关系(Bettis,1981;卢强和杨晓叶,2020),其强调社会网络结构中信息获取方式和水平会改变主体的知识结构和行为模式,进而影响各利益相关者在合作活动中的互动和协同(宋华和卢强,2017)。目前,S-C-P 范式除了应用于传统产业组织应用问题的研究以外(李天舒,2008),已经被广泛地引入包括团队结构(谢科苑等,2012)、知识网络结构(夏俊和吕廷杰,2006;喻登科等,2015)、科学协同合作(Pierre et al.,2010)和多利益相关主体参与下的协同创新(李金华等,2005;刘建华等,2015)等多种"结构"与"行为"和"绩效"的问题研究中,并产生了诸多成果。S-C-P 范式的逻辑结构具体如图 5.1 所示。

图 5.1 结构-行为-绩效研究范式模型

通过前面章节的探索性案例分析发现,在林产坚果区域品牌利益相关者协同治理活动中,由于主体任务的差异性可将社会网络关系划分为产品创新网络关系和营销创新网络关系两种,以上网络中蕴含着大量的区域林产坚果产业的产品信息、技术资源、市场信息和销售渠道等,可以在很大程度上满足不同林产坚果区域品牌利益相关者关于产品的种植、加工和营销的诉求。从协同理论角度看,社会网络关系是一种结构因素,是利益相关者协同参与林产坚果区域品牌治理的重要诱因,会引发利益相关者对参与林产品区域品牌协同治理行为和认知的变化(Gajda,2004)。社会网络关系的结构特征决定了网络中的个体可以获得的资源种类和数量,同时这种结构特征也决定了该社会网络对个体的影响能力(Burt,2000)。利益相关者间的合作治理对合作行为和结果都有影响(Lumineau and Henderson,2012;邓程等,2020),且合作治理模式主要分为契约治理与关系治理两种(朱仁宏等,2020)。通过探索性案例研究也发现了,林产坚果区域品牌利益相关者协同治理的实现并非完全基于正式契约,也包括在互惠互利基础上的关系契约。前者更符合交易成本理论对利益相关者组织进行治理的主张,即强调利用正式契约来明确各利益相关主体的角色、规则和责任(Huang and Chiu,2018;Sheng *et al*.,2018),而后者则更符合社会交换理论对利益相关者组织进行治理的主张,即强调社会规范、沟通与信任的调节作用(Luu *et al*.,2018;高孟立,2017)。

基于前面的分析,本书将 S-C-P 范式引入林产坚果区域品牌利益相关者协同治理的情境中,结合社会网络、协同学、交易成本、社会交换和联盟治理等理论,按照 S-C-P 范式模式,将第四章探索性案例研究所归纳得出的林产坚果区域品牌社会网络关系(营销创新网络关系和产品创新网络关系)视作结构因素(S),将协同治理(契约治理和关系治理)作为利益相关者的行为(C),将林产坚果区域品牌效应提升则视作利益相关者协同效应(P),构建了本研究的理论模型,如图 5.2 所示。

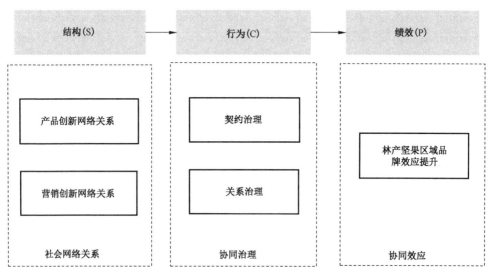

图 5.2 社会网络关系视角下协同治理对林产坚果区域品牌效应提升的理论模型

二、研究假设

(一)社会网络关系和林产坚果区域品牌效应提升

Wellman(2007)指出社会网络关系就是行动者之间因资源流动所形成的相互联系,并表现出多样化的关系特征。社会网络关系与行动者的行为之间具有相互影响的关系,具体是指社会网络关系中行动者的行为变化会导致该社会网络关系的结构发生变化,同样社会网络关系结构的变化也会影响行动者的行为,进而形成具有新关系结构特征的社会网络关系(Caroline,1996)。社会网络关系是社会资本的重要维度(蔡起华和朱玉春,2017),其强调利益相关者可以在个体或集体行动中获得和利用嵌入在社会网络关系中的资源(李明贤和周蓉,2018;李朝柱等,2020)。随着上述观点的传播与发展,不少学者对社会网络关系理论进行了拓展和发展,并将社会网络关系当作连续变量引入实证研究(Dacin *et al*.,1999;Andersson *et al*.,2016;应洪斌,2011)。

结合本研究第三章和第四章的研究发现,林产坚果区域品牌的产品创新网络关系和营销创新网络关系在不同时期所表现出的结构样态都发生了明显的变化,且利益相关者在网络中的位置即参与合作程度也发生了变化。查阅文献发现,用于刻画社会网络关系特征的概念也非常多,其中信任、关系强度为主要的刻画标准(Powell,1996;潘松挺,2009),而刻画社会网络结构特征的有诸多概念,以度、度分布、平均路径长度和聚类系数为主要的刻画标准(汪小帆等,2006;Coleman *et al*.,1990)。社会网络关系结构特征的变化会影响该网络关系中利益相关者的协同行为。社会网络的关系强度是用于描述社会网络中行动者的数量及行动者间互动频率的指标(Granovetter,1973;陈学光,2007)。不管是资源获取型行动者还是资源输出型行动者都会因为其所在的社会网络关系中行动者数量及其互动频率的高低变化而导致该行动者资源获取或者收益发生相应的变化(周军杰,2015;Zhu,2007)。社会网络关系的持久性是指行动者之间维持某种关系的持续性程度,这种持续性在提升行动者间信任水平的基础上,可以增加行动者的资源分享意愿(张永云,2017)。社会网络关系质量是指在社会网络关系中行动者之间的彼此信任与支持的关系,当行动者之间的信任程度和支持程度处于较高水平的时候,社会网络关系中的行动者将更愿意共享资源(Powell,1996;潘松挺,2009;陈学光,2007)。

通过探索性案例分析发现,林产坚果区域品牌协同治理的内容视为围绕构成区域品牌的"产品""区域"和"品牌文化"三要素开展,并可以进一步提炼成以林产坚果提质增产为主要目的的产品创新协同和以林产坚果区域品牌内涵增加及产品销售为主要目的的营销创新协同。这里的"创新"目的在于形成林产坚果区域品牌的差异性,既可以是林产坚果产品品质、品类和技术上的差异性,也可以是区域品牌内涵和销售形式的差异性等。

基于此,本书提出如下假设:

H1a:产品创新网络关系正向影响林产坚果区域品牌效应提升。

H1b:营销创新网络关系正向影响林产坚果区域品牌效应提升。

已有文献和第四章的探索性案例研究结果均表明,林产坚果区域品牌利益相关者构成的社会网络关系会随时间演变而发生改变。在关系形成初期,利益相关者之间并不熟悉,网络关系尚未正式形成,此时,相比向其他利益相关者获取资源,主体更愿意通过非协同手段获取相关资源。随着林产坚果区域品牌协同治理的持续推进,各利益相关主体之间会因数量规模和主体间互动频率的增加促进利益相关者间的协同有效性。

基于此,可以提出如下假设:

H1c:产品创新网络关系对协同效应提升的影响程度会随时间改变。

H1d:营销创新网络关系对协同效应提升的影响程度会随时间改变。

(二) 社会网络关系和协同治理

社会网络理论指出行动者为实现目标和自身诉求与其他行动者建立正式或非正式的社会关系,实现资源、信息、知识的流动和共享,形成社会网络结构(Liu et al.,2017)。构建协同治理机制的关键出发点是对利益相关主体的协调与控制(Li and Salomo,2013)。因此,需要有效探索利益相关主体间的合作治理机制用以指导各主体间更好地展开合作与激励(赵昌平和葛卫华,2003)。针对上述利益相关者的管理目标,交易成本理论强调通过制定正式契约以明确各利益相关主体的角色、职责和行为准则,以此实现对利益相关者组织的关系与任务的治理(Huang et al.,2018;Sheng et al.,2018)。而社会交易理论则强调通过制定非正式的关系契约,通过构建良好的主体间沟通及信任机制实现对利益相关者组织的关系与任务的治理(Luu et al.,2018;高孟立,2017)。也有研究证明,利益相关者组织的治理机制可以分为契约治理机制和关系治理机制(刘文霞等,2014;郭利京和仇焕广,2020)。

本书第四章通过探索性案例分析也识别了林产坚果区域品牌的两种治理实现机制,即基于正式制度的契约治理机制以及基于非正式关系规则的关系治理机制。契约治理机制是指利用详细而明确的制度性规定来确定各利益相关主体的权利和责任(Liu et al.,2017)。关系治理机制则是通过利益相关者共享的价值观和社会规范等约束力来实现利益相关者所期望的行为(Sheng et al.,2018;Dong et al.,2017),是以社会网络关系中行动者的默契、互信为基础的。

1. 社会网络关系和契约治理

契约治理作为利益相关者合作治理的重要方法,对合作行为和结果都有影响

(Mellewigt,2009;Lumineau and Henderson,2012)。如前文所述,契约治理主要是通过正式契约详细规定合作中各利益相关者的责任与义务,进而减少合作中的机会主义行为(Butts,2008;Schilke and Lumineau,2014)。对于林产坚果区域品牌协同治理而言,通过契约治理的方式可以明确以林产监管部门为代表的公共部门和以种植企业为代表的市场主体在林产坚果区域品牌协同治理中的责、权、利,以保障林产坚果区域品牌效应的实现。

从社会网络关系角度分析,林产坚果区域品牌利益相关者之间最初是较为陌生的个体。但是这些个体会由于林产坚果区域品牌治理活动的持续推进,进而强化各利益相关主体间的社会网络关系。利益相关者协同过程中,各利益相关者的个体与网络中其他个体交流的频率和持续时间有所不同,网络关系便会存在差异。该网络关系会影响到协同过程中的利益相关者的积极性。因此,在林产坚果区域品牌协同治理过程中随着社会网络关系结构的变化,利益相关主体在协同治理中的任务与目标也有可能发生相应的变化。而利益相关者之间互动对象的频繁变化也会导致利益相关者间关系的变化(Khalfan and Maqsood,2014),造成林产坚果区域品牌协同治理活动中的行为发生变化,将降低契约治理中用于约定利益相关主体规章制度的执行成本。因此本研究认为社会网络关系与契约治理之间是正相关关系。

基于此,本书提出如下假设:

H2a:产品创新网络关系正向影响契约治理。

H2b:营销创新网络关系正向影响关系治理。

在利益相关者分析结果的基础上,对林产坚果区域品牌社会网络关系开展实证分析,揭示了林产坚果区域品牌利益相关者角色和社会网络关系结构具有时间演化特征。契约治理是指通过契约、政策和规则以及程序化的流程等显性的书面协议方式来实现企业所期望的行为,诸如契约、监督、专用性投资等行为(高孟立,2017)。而契约、政策和规则等显性的约束力的实现与社会网络关系之间是相互依赖关系。其中,契约治理中的各项规章制度将保证林产坚果区域品牌社会网络关系的强度、质量和持久性。随着林产坚果区域品牌协同治理的持续推进,各利益相关主体之间会因数量规模和主体间互动频率的增加促进利益相关者间的协同有效性。

基于此,可以提出如下假设:

H2c:产品创新网络关系对契约治理的影响程度会随时间改变。

H2d:营销创新网络关系对契约治理的影响程度会随时间改变。

2. 社会网络关系和关系治理

依据关系契约理论,学者们将关系治理定义为通过制定信息交流、信任和互动

65

等社会性治理规则,以此对合作主体的行为施加影响的一系列方式方法的总称,其被视为市场制和科层制这两种治理模式的折中形式(Wallwnburg,2013)。同时,关系治理强调经济行为受社会过程和关系规范的影响(Macneil,1980)。Kim(2013)认为关系治理是非正式治理的重要形式,关系治理具有关系协调、知识转移及协作的作用(Singh,2018)。

林润辉等(2013)在文献分析的基础上,提出关系治理对利益相关主体合作过程中的分工、风险分摊和资源管理等方面均具有影响。Paulraj et al.(2008)认为关系治理可以通过促进合作主体之间的互动来构建外部网络联结,同时强调只有运用关系治理手段才能达到预期合作目标。Lavie et al.(2012)则认为关系治理是通过对关系的协调和联合解决共同问题,以此来加强合作主体之间的信任和协同等。

就林产坚果区域品牌社会网络关系而言,在第三章实证分析的基础上得出林产坚果区域品牌的利益相关者多来源于林产坚果的种植、加工或销售的产业链上下游主体,以及当地政府、林产监管部门和科研院所等。关系治理中的各项规章制度将保证林产坚果区域品牌社会网络关系的强度、质量和持久性(Pan et al.,2008;毛超等,2017)。而利益相关者之间互动对象的频繁变化也会导致利益相关者间关系的变化(Khalfan and Maqsood,2014),造成林产坚果区域品牌协同治理活动中的行为发生变化,由于主体间关系的良性变化将有利于利益相关者之间信任度的提升,而信任要素正是关系治理的核心要素,因此本研究认为社会网络关系与关系治理之间是正相关关系。

基于此,本书提出如下假设:

H3a:产品创新网络关系正向影响关系治理。

H3b:营销创新网络关系正向影响关系治理。

在利益相关者分析结果的基础上,对林产坚果区域品牌社会网络关系开展实证分析,揭示了林产坚果区域品牌利益相关者角色和社会网络关系结构具有时间演化特征。关系治理是指利用相对隐性的(文化、社会规范和价值观等)约束力来实现企业所期望的行为(高孟立,2017),而文化、社会规范和价值观等约束力对主体之间熟悉程度的要求较高。在利益相关主体加入林产坚果区域品牌协同治理初期,与该主体相关的社会网络关系的强度相对微弱,这种"陌生"的网络关系并不能帮助该主体顺利地从社会网络中获取相关资源。而协同治理活动的持续进行,利益相关主体之间的关系日益密切,逐渐由"陌生"变为"熟悉",此时利益相关者之间的信任感增加,更有利于林产坚果区域品牌资源的共享和交流频率上升。协作的机会和次数越多,其获得的收益越多,对收益的期望程度就越高。同时,在这种关系中,利益相关主体更愿意分享自己的资源优势,并对于自己有能力解决协同治理过程中的难题而得到或提升自我效能感。

基于此,可以提出如下假设:

H3c:产品创新网络关系对关系治理的影响程度会随时间改变。

H3d:营销创新网络关系对关系治理的影响程度会随时间改变。

(三)协同治理和林产坚果区域品牌效应提升

按照王兴元和张鹏(2012)对区域品牌特征的阐述,林产坚果区域品牌作为一种公共品牌,其在创建投入、使用、收益、处置及运营管理等方面由全体利益相关者共同治理。参考 Hatch and Schultz(2010)关于品牌治理的解释,本书认为林产坚果区域品牌协同治理是指,在林产坚果区域品牌的协同共创过程中,对包括以政府为代表的公共主体、以各类种植与加工企业为代表的市场主体、以行业协会为代表的非政府组织和以合作社为代表的农民个体组织等在内的多元利益相关主体间协同网络关系和协同行为的管理,保障主体间的品牌共建行为可以相互协调和顺利进行,进而实现参与林产坚果区域品牌协同治理主体利益最大化。通过第四章的探索性案例研究也发现了,林产坚果区域品牌利益相关者协同治理的实现并非完全基于正式契约,也包括在互惠互利基础上的关系契约。协同治理活动聚集了集体与公共机构和私人利益相关的公共意见,提出了共同参与达成共识为导向的决策(Chris,2007;侯琦和魏子扬,2012),且协同治理模式主要分为契约治理与关系治理两种(朱仁宏等,2020)。在第四章探索性案例研究结论及上述关于协同治理形式(契约治理和关系治理)的论述中可知,林产坚果区域品牌效应的提升不仅来源于对于具体品牌要素融合任务的治理,更来源于对其利益相关者关系的治理。

基于此,本书提出如下假设:

H4:契约治理正向影响林产坚果区域品牌效应提升。

H5:关系治理正向影响林产坚果区域品牌效应提升。

(四)协同治理的中介作用

Liu *et al*.(2017)指出,行动者为实现自身目标和诉求,因此与其他行动者就资源、信息和知识的流动而建立的正式或非正式的社会关系就是社会网络关系。通过探索性案例研究也发现,林产坚果区域品牌利益相关者协同治理的实现并非完全基于正式契约,也包括在互惠互利基础上的关系契约。从社会网络关系对林产坚果区域品牌效应提升的作用路径可以看出,协同治理的两种表现形式在社会网络关系与林产坚果区域品牌效应中充当了中介效应。林产坚果区域品牌社会网络关系可以通过影响协同治理来影响林产坚果区域品牌效应。综上所述,本研究认为协同治理在社会网络关系和林产坚果区域品牌效应提升间起到了中介作用。

基于此,可以提出如下假设:

H6a:契约治理对"产品创新网络关系——林产坚果区域品牌效应提升"具有中介作用。

H6b:契约治理对"营销创新网络关系——林产坚果区域品牌效应提升"具有中介作用。

H7a:关系治理对"产品创新网络关系——林产坚果区域品牌效应提升"具有中介作用。

H7b:关系治理对"营销创新网络关系——林产坚果区域品牌效应提升"具有中介作用。

综上所述,本研究提出社会网络关系视角下协同治理对林产坚果区域品牌效应提升概念模型,如图 5.3 所示。

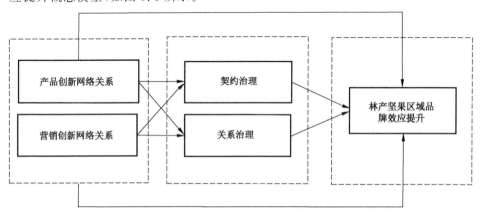

图 5.3 社会网络关系视角下协同治理对林产坚果区域品牌效应提升概念模型

在利益相关者分析结果的基础上,通过 UCIENT 6.0 软件对林产坚果区域品牌社会网络关系开展实证分析,揭示了林产坚果区域品牌利益相关者角色和社会网络关系结构随着协同治理的持续进行,表现出时间演化的特征。因此,需要开发一个通用的假设模型,并将时间这一要素纳入模型。根据上述内容,本研究将时间引入,构建了林产坚果区域品牌协同治理的时间演变分析模型,如图 5.4 所示。

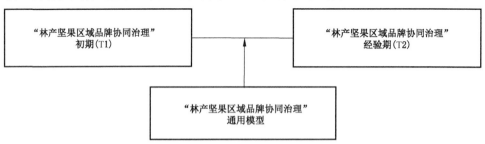

图 5.4 时间演变分析模型

三、本章小结

参考相关研究成果,本书将 S-C-P 范式引入林产坚果区域品牌利益相关者协同治理的情境中,结合社会网络、协同学、交易成本、社会交易和联盟治理等理论,按照 S-C-P 范式模式,将第四章探索性案例研究所归纳得出的林产坚果区域品牌社会网络关系(营销创新网络关系和产品创新网络关系)视作结构因素(S),将协同治理(契约治理和关系治理)作为利益相关者的行为(C),将林产坚果区域品牌效应提升则视作利益相关者协同效应(P),进一步完善了第四章提出的初始研究命题,构建了"社会网络关系—协同治理—林产坚果区域品牌效应提升"这一理论模型,提出具体的概念模型和研究假设,主要内容包括:社会网络关系与林产坚果区域品牌效应提升之间的关系,社会网络关系与协同治理之间的关系,协同治理与林产坚果区域品牌效应提升之间的关系,协同治理在社会网络关系与林产坚果区域品牌效应提升之间的中介作用,并针对时间演变视角的研究需要,提出了林产坚果区域品牌协同治理的时间演变分析模型,如表 5.1 所示。

表 5.1　研究假设汇总

假设序号	假设内容
H1a	产品创新网络关系正向影响林产坚果区域品牌效应提升
H1b	营销创新网络关系正向影响林产坚果区域品牌效应提升
H1c	产品创新网络关系对林产坚果区域品牌效应提升的影响程度会随时间改变
H1d	营销创新网络关系对林产坚果区域品牌效应提升的影响程度会随时间改变
H2a	产品创新网络关系正向影响契约治理
H2b	营销创新网络关系正向影响契约治理
H2c	产品创新网络关系对契约治理的影响程度会随时间改变
H2d	营销创新网络关系对契约治理的影响程度会随时间改变
H3a	产品创新网络关系正向影响关系治理
H3b	营销创新网络关系正向影响关系治理
H3c	产品创新网络关系对关系治理的影响程度会随时间改变
H3d	营销创新网络关系对关系治理的影响程度会随时间改变
H4	契约治理正向影响林产坚果区域品牌效应提升
H5	关系治理正向影响林产坚果区域品牌效应提升
H6a	契约治理对"产品创新网络关系——林产坚果区域品牌效应提升"具有中介作用
H6b	契约治理对"营销创新网络关系——林产坚果区域品牌效应提升"具有中介作用
H7a	关系治理对"产品创新网络关系——林产坚果区域品牌效应提升"具有中介作用
H7b	关系治理对"营销创新网络关系——林产坚果区域品牌效应提升"具有中介作用

第六章 社会网络关系对林产坚果区域品牌效应提升的实证分析

本书第五章在理论分析和探索性案例研究的基础上,构建了基于 S-C-P 范式的"社会网络关系—协同治理—林产坚果区域品牌效应提升"的概念模型并提出具体研究假设。为了检验该模型和相关研究假设的普适性,本章将基于两阶段调查问卷收集数据,利用 SPSS 22.0 和 AMOS 21.0 等统计分析软件对调研数据进行探索性因子分析、验证性因子分析、多元回归分析和中介效应分析,并对检验的结果进行分析与讨论。

一、研究设计与数据收集

通过问卷调查对变量进行测量是管理学领域最常用的实证方法之一,具体是指以文字量表的形式采集一手数据,通过前期的问卷设计,确定样本并向受访对象发放问卷,最后运用各类统计学方法对所获取的调研数据开展实证检验。因此,本研究在前文探索性案例研究和文献分析的基础上,通过问卷调查方法对第五章提出的概念模型和假设进行验证。

本研究所涉及的变量包括林产坚果区域品牌社会网络关系(产品创新网络关系和营销创新网络关系)、协同治理(契约治理和关系治理)、林产坚果区域品牌效应提升和主体属性。对上述变量的测量需要使用或开发可行的问卷,参照已有研究所确立的调查问卷设计规范,本研究确定了三个主要步骤开展调查问卷的设计工作:首先,确定调查问卷的整体框架。本研究采用文献分析、专家访谈和课题组讨论等形式拟出调查问卷初稿,进而确保调查问卷的内容是本研究的核心问题并是研究假设的集中体现;其次,对调查问卷进行反复测试与修订。本研究通过前期预调研的形式发现并剔除初始问卷中信度与效度不高的题项或问题,以此提高问卷的整体质量;最后,对调查问卷进行修改完善和最终定稿。同时,在调查问卷设计的过程中,始终保持客观的态度,在借鉴或选用国内外成熟量表的过程中尽量保持原始调查问卷的完整性,并进行严谨翻译,以此保证问卷的信度与效度(张宏梅等,2006;井润田等,2008;高思芃,2021)。本研究的调查问卷采用打分式,受访者将根据题项描述的内容与实际情况相符的程度通过 Likert 5 点计分法对题项进行打分,从"非常不同意"到"非常同意"的认同程度分别用"1 分"至"5 分"来代表。

(一)变量测量与问卷设计

1. 自变量——产品创新网络关系

基于现有文献的梳理和探索性案例研究的结果,本书借鉴 Powell(1996)和陈学光(2007)关于社会网络关系的研究,将社会网络关系划分为关系强度、关系质量和关系持久性三个特征维度。Granovetter(1973)提出社会网络关系的强度包括四个方面,具体包括行动者之间互动的时间长短、行动者之间情感的紧密程度、行动者之间的熟悉程度和行动者之间互惠程度。在后续关于网络关系强度的研究中,学者们更多地使用节点之间交流的时间、交流的频率和节点间的紧密程度来判断网络关系强度(Anderson and Sullivan,1993)。Crosby et al.(1990)指出关系质量主要来源于行动者之间的信任与诉求的满足,在该观点的基础上,陈学光(2007)提出关系质量主要强调的是节点对其所在网络中关系的满意程度。刘军(2004)指出网络关系持久性是节点之间合作的稳定性程度,网络关系持久性可以用长期合作的意愿来表示(Anderson et al.,1993;辛枫冬,2011;罗家德和曾丰又,2019)。结合李博等(2021)和俞燕等(2015)对产品协同创新的定义、探索性案例研究结论,对利益相关者产品创新网络关系强度的测量使用 3 个题项,对其关系质量的测量使用 4 个题项,对其关系持久性的测量使用 3 个题项。

综上,自变量产品创新网络关系的测度量表共计 3 个维度 10 个题项,具体测量题项如表 6.1 所示。

表 6.1 变量测量:产品创新网络关系

维度	题项代码	测量题项	依据文献
关系强度	PNRS1	在区域品牌协同治理过程中,我们和品牌利益相关者之间就产品创新进行了频繁交流	Granovetter(1973);Mitchell(2003);Lin et al.(1981)
	PNRS2	在区域品牌协同治理过程中,我们和品牌利益相关者之间就产品创新的合作比较深入	
	PNRS3	我们和其他种植、加工和技术型利益相关者社群成员间彼此熟悉	
关系质量	PNRQ1	我们和其他利益相关者之间在产品创新方面的资源可以互补	Crosby et al.(1990);陈学光(2007)
	PNRQ2	我们和其他利益相关者之间在产品创新方面没有冲突	
	PNRQ3	我们对品牌利益相关者之间产品创新方面的交流很满意	
	PNRQ4	我们对品牌利益相关者之间产品创新方面的实践很满意	

续表6.1

维度	题项代码	测量题项	依据文献
关系持久性	PNRP1	在区域品牌协同治理过程中,我们和品牌利益相关者之间就产品创新进行了长时间交流	Granovetter(1985); Anderson *et al*.(1993); 辛枫冬(2011)
	PNRP2	在区域品牌协同治理过程中,我们和品牌利益相关者之间进行了长期的产品创新实践	
	PNRP3	我们希望继续保持这种产品创新协同关系	

2. 自变量——营销创新网络关系

通过探索性案例分析发现,林产坚果区域品牌协同治理的内容视为围绕构成区域品牌的"产品""区域"和"品牌文化"三要素开展,并可以进一步提炼成以林产坚果提质增产为主要目的的产品创新协同和以林产坚果区域品牌内涵增加及产品销售为主要目的的营销创新协同,进而可以将林产坚果区域品牌社会网络关系划分为产品创新网络关系和营销创新网络关系,这里的"营销创新网络关系"是指林产坚果区域品牌内涵和销售形式的差异性等。借鉴产品创新网络关系的测量维度,同样从关系的强度、关系的质量和关系的持久性三个方面测度营销创新网络关系这一自变量。结合钟艳(2018)、宋琦媛和耿玉德(2021)对营销创新的定义及探索性案例研究的结论,对营销创新网络关系的强度的测量使用2个题项,对其关系质量的测量使用3个题项,对其关系持久性的测量使用2个题项。

综上,自变量营销创新网络关系的测度量表共计3个维度7个题项,具体测量题项如表6.2所示。

表6.2 变量测量:营销创新网络关系

维度	题项代码	测量题项	依据文献
关系强度	MNSD1	集群内大多数企业之间都存在直接的联系	Ahuja(2000); 蔡彬清和陈国宏(2013)
	MNSD2	我们与集群内合作伙伴联系频繁	
关系质量	MNSC1	在我们所处的集群内大多数企业之间都存在直接的联系	于飞等(2018); Moran(2005); Grant(2002)
	MNSC2	集群内其他企业在建立关系网络时经常通过我们牵线	
	MNSC3	我们与集群内合作伙伴联系密切	
关系持久性	MNSF1	集群内派系严重	罗家德(2020)
	MNSF2	有些事项无法参与	

3. 中介变量——契约治理

契约治理是通过规定合作中各方的权利与义务,并对契约期内各利益相关主体道德风险行为进行约束管理(Mellewigt,2009),具体可以采用显性的书面协议方式(契约、政策和规则等)来实现主体所期望的行为(高孟立,2017)。本书借鉴 Li et al.(2010)、严玲等(2014)的研究,将契约治理划分为风险分担、收益分配和问责机制三个维度。风险分担与收益分配主要根据 Li et al.(2010)、Zhang and Zhou(2013)和严玲等(2014)的量表,综合以上研究成果和结合探索性案例研究结论,分别采用 3 个题项进行测量;问责机制主要参考了 Lusch and Brown(1996)和傅春燕(2009)的测量方法,综合以上研究成果和结合探索性案例研究结论,使用 2 个题项对问责机制进行测量。

综上,中介变量契约治理的测度量表共计 3 个维度 8 个题项,具体测量题项如表 6.3 所示。

表 6.3 变量测量:契约治理

维度	题项代码	测量题项	依据文献
风险分担	CRS1	该品牌利益相关者社群内的规章制度是衡量成员行为的唯一标准	Li et al.(2010);严玲等(2014);Zhang et al.(2013)
	CRS2	对于未来可能出现争议的风险因素,品牌利益相关者社群内的规章制度中有明确的处理程序、处理原则	
	CRS3	该虚拟品牌社区内有详细的规章制度,规定着各个角色的权利和义务	
收益分配	CID1	我们获得的收益与付出是相符的	Li et al.(2010);Zhang et al.(2013)
	CID2	在处理争议或未约定的事项时,充分考虑了相关方合理的利益诉求	
	CID3	项目评标方法是合理的	
问责机制	CAM1	对品牌利益相关者的品牌参与行为有明确的评价指标	傅春燕(2009);Lusch et al.(1996)
	CAM2	对品牌利益相关者的不良品牌参与行为有明确的责任追究机制	

4. 中介变量——关系治理

不同的利益相关者在参与林产坚果区域品牌协同治理的过程中,除了受利益相关者之间正式契约的约束,还受到主体之间关系的影响,主要通过影响利益相关者的情感和认知起作用。关系治理是指利用相对隐性的(团队文化、组织规范和价值观等)约束力来实现主体所期望的行为(高孟立,2017)。本书借鉴 Poppo and Zenger(2002)的研究将关系治理划分为信任、承诺和合作三个维度。Dekker(2004)认为,信任是关系治理中最基本的要素,信任的存在可以减少主体间的合作障碍,降低交易成本,进而提升组织绩效。杨玲和帅传敏(2010)则通过对项目中企业间合作关系的研究认为,信任主要包括彼此间的能力信任和关系信任。综合以上研究成果和结合第四章探索性案例研究结论,使用 4 个题项对信任进行测量。Chen et al.(2008)指出,承诺是一种积极的信号,承诺可以产生主体间满意的行为,对合作绩效产生积极影响。综合 Liu et al.(2009)、Arranz and Arroyabe(2012)的量表,综合以上研究成果和结合探索性案例研究结论,使用 3 个题项对承诺进行测量。Zaheer and Venkatraman(1995)指出,合作的行为有利于提升交易双方满意度,降低机会主义出现的概率,提高管理绩效。合作的测度量表主要参考了 Heide(1994)、Claro et al.(2003)的研究成果。综合以上研究成果和结合探索性案例研究结论,使用 4 个题项对合作进行测量。

综上,中介变量关系治理的测度量表共计 3 个维度 11 个题项,具体测量题项如表 6.4 所示。

表 6.4　变量测量:关系治理

维度	题项代码	测量题项	依据文献
信任	RGT1	在该区域品牌协同治理过程中,我们相信其他利益相关者的专业化水平	邓娇娇等(2015); Dekker(2004); 杨玲等(2010)
	RGT2	在该区域品牌协同治理过程中,我们相信各利益相关者之间可以进行坦诚交流和分享信息	
	RGT3	在该区域品牌协同治理过程中,我们相信各利益相关者之间彼此有亲近感	
	RGT4	在该区域品牌协同治理过程中,我们相信其他利益相关者之间的相互信任关系	
承诺	RGC1	在该区域品牌协同治理过程中,我们致力于与其他利益相关者保持良好的合作关系	Liu et al.(2009); Arranz et al.(2012)
	RGC2	在该区域品牌协同治理过程中,我们为完成协同治理投入了大量的资源	
	RGC3	我们希望这种合作关系可以长期持续下去	

续表6.4

维度	题项代码	测量题项	依据文献
合作	RGCO1	在该区域品牌协同治理过程中,我们已经与其他利益相关者开展了渠道合作	Heide(1994);Claro et al.(2003)
	RGCO2	在该区域品牌协同治理过程中,我们已经与其他利益相关者开展了技术合作	
	RGCO3	在该区域品牌协同治理过程中,我们已经与其他利益相关者开展了宣传合作	
	RGCO4	在该区域品牌协同治理过程中,我们已经与其他利益相关者共同设立了新项目	

5. 因变量——林产坚果区域品牌效应提升

学者 Simon(2010)指出,打造区域品牌的目的就是要通过各种途径,提高一个地区的整体品牌形象与知名度,实现"推广"与"吸引"的双效应,即通过区域品牌的培育推动区域内优势产品和资源向区域外扩散,同时也可以吸引人才、技术和金融资源流入该区域。钱晓燕和朱立冬(2014)认为,区域品牌的基础效应是原产地效应对消费者关于区域产品在功能、象征和情感等方面的认知改变。而区域品牌所特有的原产地属性可以帮助区域形成各类消费者对该区域的认知光环效应,在区域品牌光环作用的影响下,促进区域内各类产业经营主体的聚集,进而形成规模经济效应和范围经济效应(王兴元和朱强,2017)。综合以上研究成果和结合探索性案例研究结论,本研究使用 4 个题项对林产坚果区域品牌效应提升进行测量,具体测量题项如表 6.5 所示。

表 6.5 变量测量:林产坚果区域品牌效应提升

维度	题项代码	测量题项	依据文献
区域品牌效应	BSE1	该林产坚果区域品牌形成了鲜明的特色和良好的形象	赵卫宏和孙茹(2017)
	BSE2	该林产坚果区域品牌对当地林产坚果产品市场拓展发挥了重要作用	王兴元和张鹏(2012)
	BSE3	该林产坚果区域品牌对当地林产坚果产量和品质提升产生了重要作用	唐松(2015)
	BSE4	该林产坚果区域品牌对当地林产坚果的产业链形成与发展产生了重要作用	俞燕和李艳军(2015)

6. 控制变量

通过阅读文献发现,学者们在对不同领域的利益相关者协同治理问题开展研究时,通常把主体性质、主体规模和成立年限等特征视为外生变量,在研究过程中加以控制(李其伟等,2017;赵卫宏等,2017)。因此,本书也对主体性质、主体规模、成立年限和专职品牌管理团队规模进行控制,其中,主体性质用"0、1"虚拟变量表示"公共部门、私营部门";主体规模按小型、中型、大型、特大型几种规模分类,并分别用"1、2、3、4"表示;成立时间按1~3年、4~6年、7~10年、10年以上分类,并分别用"1、2、3、4"表示;专职品牌管理团队规模按1~5人、6~10人、11~15人、15人以上分类,并分别用"1、2、3、4"表示。

（二）数据收集

本研究于2019年5月至2020年10月开展了问卷调研工作,共收集到有效问卷402份。本研究在问卷的发放与收集过程中,对问卷的发放途径与具体操作过程进行了严格控制。

为了保证本研究选取的样本林产坚果区域品牌具有代表性和数据的可获得性(为实现同一利益相关者在不同时期属性的对比分析,本研究将对同一利益相关者组织开展两次问卷调查),本研究借助了中国林业产业联合会品牌建设分会提供的会员及其合作单位(协会)的资料开展相关数据收集工作。该协会是2018年由国家林业草原局批准成立的国内唯一的全国性林产品品牌行业协会,也是中国品牌建设促进会成员单位,该协会专门成立了中国坚果品牌集群,开展林产坚果区域品牌建设的研究、指导与服务工作。因此,中国林业产业联合会品牌建设分会所提供的会员及其合作单位(协会)的资料具有较好的典型性。考虑到调查成本与具体操作的困难程度,参考郭爱云(2018)的调查问卷的发放形式,本研究采用了抽样调查与滚动取样相结合的方式开展问卷的调查工作,具体过程为:首先,对中国林业产业联合会品牌建设分会提供的会员及其合作单位(协会)的资料进行研读,充分掌握资料信息;其次,通过与协会专家委员会及理事单位的访谈交流,筛选出符合被调查主体特征的会员及其合作单位(协会),向他们发放电子调查问卷或安排实地调研;最后,由被调研的会员及其合作单位(协会)采用类似的滚动方式选取其他参与问卷调研的单位组织。采用这种调查方法的问卷回收率较高,成本相对较低,并且可以在一定程度上保证本研究所需调查问卷的数据质量。

为实现同一利益相关者在不同时期属性的对比分析,本研究将对同一利益相关者组织开展两次问卷调查。因此,本研究在抽样调查和滚动取样相结合的基础上,调查问卷的发放分为两阶段进行,第一阶段(参与林产坚果区域品牌协同治理初期T1)调查问卷完成收集以后,共计收到417份有效问卷。本研究还参考Chang et al.(2015)提出的两阶段调查的合适间隔期的建议,在首次调查结束后

4 个月开展第二次问卷调查。此次调查问卷的发放主要是通过第一次问卷调查时所获得的受访主体的电话号码、传真、微信和 Email 等联系方式进行,第二次问卷收集完成后(参与林产坚果区域品牌协同治理经验期 T2),发现有 15 个受访主体放弃填写或填写问卷不合格的现象(出现问卷前后明显矛盾、答案均为极端值或中间值和问卷填写不完整等现象)。最终,获取有效问卷 402 份。

样本的描述性统计分析表如 6.6 所示。

表 6.6 样本描述性统计表(402 份)

属性	样本	数量(份)	百分比(%)
分类	种植企业、加工企业、合作社	143	35.57
	当地政府、林业管理部门、林场、村集体/当地社区	77	19.15
	经销商、电商平台、物流企业、商务咨询机构、媒体	107	26.62
	行业协会、科研机构/院校、消费者组织/社群	75	18.66
性质	公共部门	163	40.55
	私营部门	239	59.45
规模	小型	192	47.76
	中型	136	33.83
	大型	65	16.17
	特大型	9	2.24
成立年限	1～3 年	116	28.86
	4～6 年	107	26.62
	7～10 年	92	22.89
	10 年以上	87	21.64
专职品牌管理团队规模	1～5 人	117	29.11
	6～10 人	125	31.09
	11～15 人	96	23.88
	15 人以上	64	15.92

二、信度与效度分析

信度检验,是指对问卷可信程度的检测,可以通过内部一致性对不同题项带来的结果差异进行衡量。本书参考吴明隆(2010)的研究,采用 SPASS 22.0 统计分析软件对量表的信度进行检验(检验指标:Cronbach's α 系数),通常当 Cronbach's α 系数大于 0.7 时,则表明量表题项具有较好的内部一致性(高思芃,2020)。效度检验,是指对测量的有效性的检测,其中内容效度主要是通过分析题项在量表中分布的合理程度来检验量表的具体内容和题项是否可以准确地反映所要测量的被试心理特征和行为特征。构念效度则主要是通过判断量表测量出的概念程度,进而衡量量表与理论构念之间的一致性程度(吴明隆,2010)。

本研究的调查问卷开发工作是建立在系统严谨的理论文献研究的基础上,并参考了相关研究的成熟量表,且听取行业内专家意见所开发与设计的量表,因此本研究量表的内容效度较高。参考吴明隆(2010)的研究成果,本研究借助 AMOS 21.0 统计分析软件,首先利用探索性因子分析检测量表中题项的合理性程度,然后利用验证性因子分析检验相关变量的聚合效度与区分效度。

本研究从已获取的 402 份有效问卷中随机抽取 50% 的问卷进行探索性因子分析,其余的问卷则用于后续的验证性因子分析。另外,由于产品创新网络关系、营销创新网络关系、契约治理和关系治理属于潜因子型构念,因此参考魏江和徐蕾(2014)的相关研究成果,本研究将对上述 4 个题项分别进行二阶因子分析,即先对各变量的相关题项开展一阶因子分析,然后在一阶因子分析的基础上,分别以各变量在每个维度上的均值开展二阶因子分析,在此基础上获得可进行回归分析的因子(Wong *et al.*,2008)。

(一)社会网络关系的信度与效度分析

1. 探索性因子分析

(1) 产品创新网络关系的探索性因子分析

参考吴明隆(2010)的研究,本研究在开展产品创新网络关系的探索性因子分析前,首先通过 KMO 检验与 Bartlett 球体检验对产品创新网络关系指标间的相关性情况进行检验,检验结果如表 6.7 所示,在协同治理的不同时期产品创新网络关系指标的 KMO 的值均在 0.7 以上(初期为 0.809,经验期为 0.824),同时 Bartlett 球体检验也达到了显著。

表6.7　产品创新网络关系的 KMO 和 Bartlett 检验(N＝201)

KMO 检验		Bartlett 球体检验					
		卡方值		自由度		显著性	
0.809[①]	0.824[②]	527.913[①]	1 213.431[②]	45[①]	45[②]	0.000[①]	0.000[②]

注:①初期,②经验期。

在完成产品创新网络关系的 KMO 检验和 Bartlett 球体检验之后,利用随机抽取的 201 份问卷的数据对产品创新网络关系进行探索性因子分析。本研究运用主成分分析法进行公共因子的提取,对所提取的公共因子使用最大方差旋转法进行分析,提取公共因子的标准为特征根大于 1.0。如表 6.8 所示,通过产品创新网络关系的 10 个题项提取出 3 个公共因子。两个时期每个题项的因子载荷值均大于

0.5,达到了统计要求(魏江等,2014)。将产品创新网络关系的强度、质量和持久性三个维度根据前文的描述纳入同一个因子之中,因子的累计解释变差在初期为75.436%,在经验期为76.476%,通过了产品创新网络关系的探索性因子分析的效度检验。

如前文所述,产品创新网络关系量表的信度分析是通过 SPASS 22.0 统计分析软件计算 Cronbach's α 系数来实现,计算结果如表 6.8 所示,产品创新网络关系总量表的 Cronbach's α 系数在协同治理初期为 0.839,经验期为 0.860,且在两个时期所有因子的 Cronbach's α 系数值均在 0.7 以上,产品创新网络关系量表的信度检验通过。

表 6.8 产品创新网络关系的探索性因子分析结果(一阶)($N=201$)

因子	题项代码	因子载荷		Cronbach's α 系数	
关系强度	PNRS1	0.572[1]	0.879[2]		
	PNRS2	0.653[1]	0.534[2]	0.832[1]	0.865[2]
	PNRS3	0.767[1]	0.867[2]		
关系质量	PNRQ1	0.947[1]	0.676[2]		
	PNRQ2	0.925[1]	0.866[2]	0.914[1]	0.873[2]
	PNRQ3	0.765[1]	0.754[2]		
	PNRQ4	0.724[1]	0.804[2]		
关系持久性	PNRP1	0.519[1]	0.572[2]		
	PNRP2	0.862[1]	0.846[2]	0.771[1]	0.843[2]
	PNRP3	0.658[1]	0.803[2]		

注:[1]初期,[2]经验期。

对产品创新网络关系进行二阶探索性因子分析时,将产品创新网络关系的强度、质量和持久性三个维度开展主成分因子分析。分析结果如表 6.9 所示,KMO检验的值在两个时期均大于 0.7(初期为 0.718,经验期为 0.702),同时在协同治理不同时期的 Bartlett 球体检验也均满足了显著要求。同样利用随机抽取的 201 份问卷的数据进行产品创新网络关系二阶探索性因子分析,分析结果如表 6.9 所示,3 个题项提炼出 1 个因子,两个时期每个题项的因子载荷值均大于 0.5,达到了统计要求(魏江等,2014)。因子的累计解释变差在初期为 63.640%,在经验期为61.904%,产品创新网络关系量表的效度检验通过。

表6.9　产品创新网络关系的探索性因子分析结果（二阶）（$N=201$）

因子	题项	因子载荷		解释变异 /%	KMO	Bartlett 球体检验		
						卡方值	自由度	显著性
产品创新网络关系	关系强度	0.851[①]	0.788[②]	63.640[①]	0.718[①]	130.931[①]	3[①]	0.000[①]
	关系质量	0.786[①]	0.867[②]	61.904[②]	0.702[②]	126.945[②]	3[②]	0.000[②]
	关系持久性	0.753[①]	0.696[②]					

注：①初期，②经验期。

（2）营销创新网络关系的探索性因子分析

与产品创新网络关系的探索性因子分析相类似，本研究在开展营销创新网络关系的探索性因子分析前，首先通过KMO检验与Bartlett球体检验对营销创新网络关系指标间的相关性情况进行检验，检验结果如表6.10所示，在两个时期营销创新网络关系指标的KMO的值均在0.7以上（初期为0.787，经验期为0.754），同时Bartlett球体检验也达到了显著（吴明隆，2010）。

表6.10　营销创新网络关系的 KMO 和 Bartlett 检验（$N=201$）

KMO 检验		Bartlett 球体检验					
		卡方值		自由度		显著性	
0.787[①]	0.754[②]	878.665[①]	1 029.031[②]	29[①]	29[②]	0.000[①]	0.000[②]

注：①初期，②经验期。

与产品创新网络关系的探索性因子分析相类似，在完成营销创新网络关系的KMO检验和Bartlett球体检验之后，利用随机抽取的201份问卷的数据对营销创新网络关系进行探索性因子分析。本研究运用主成分分析法进行公共因子的提取，对所提取的公共因子使用最大方差旋转法进行分析，提取公共因子的标准为特征根大于1.0。如表6.11所示，通过营销创新网络关系的7个题项提取出3个公共因子。两个时期每个题项的因子载荷值均大于0.5，达到了统计要求（魏江等，2014）。将营销创新网络关系的强度、质量和持久性三个维度根据前文的表述纳入同一个因子之中，因子的累计解释变差在初期为80.155%，在经验期为80.131%，通过了营销创新网络关系的探索性因子分析的效度检验。

如前文所述，营销创新网络关系量表的信度分析是通过SPASS 22.0统计分析软件计算Cronbach's α系数来实现，计算结果如表6.11所示，营销创新网络关系总量表的Cronbach's α系数在协同治理初期为0.851，经验期为0.840，且在两个时期所有因子的Cronbach's α系数值均在0.7以上，营销创新网络关系量表的信度检验通过。

表 6.11　营销创新网络关系的探索性因子分析结果（一阶）（$N=201$）

因子	题项代码	因子载荷		Cronbach's α 系数	
关系强度	MNSD1	0.864[1]	0.925[2]	0.874[1]	0.923[2]
	MNSD2	0.842[1]	0.928[2]		
关系质量	MNSC1	0.693[1]	0.872[2]	0.837[1]	0.843[2]
	MNSC2	0.889[1]	0.811[2]		
	MNSC3	0.844[1]	0.792[2]		
关系持久性	MNSF1	0.897[1]	0.861[2]	0.841[1]	0.755[2]
	MNSF2	0.904[1]	0.882[2]		

注：①初期，②经验期。

对营销创新网络关系进行二阶探索性因子分析时，将营销创新网络关系的强度、质量和持久性三个维度开展主成分因子分析。分析结果如表 6.12 所示，KMO 检验的值在两个时期均大于 0.7（初期 0.715，经验期 0.738），同时在两个时期的 Bartlett 球体检验也均满足了显著要求。同样利用随机抽取的 201 份问卷的数据进行营销创新网络关系二阶探索性因子分析，分析结果如表 6.12 所示，3 个题项提炼出 1 个因子，两个时期每个题项的因子载荷值均大于 0.5，达到了统计要求（魏江等，2014）。因子的累计解释变差在初期为 64.352%，在经验期为 67.442%，营销创新网络关系量表的效度检验通过。

表 6.12　营销创新网络关系的探索性因子分析结果（二阶）（$N=201$）

因子	题项	因子载荷		解释变异（%）	KMO	Bartlett 球体检验		
						卡方值	自由度	显著性
营销创新网络关系	关系强度	0.783[1]	0.755[2]	64.352[1]	0.715[1]	118.461[1]	3[1]	0.000[1]
	关系质量	0.834[1]	0.864[2]	67.442[2]	0.738[2]	161.272[2]	3[2]	0.000[2]
	关系持久性	0.674[1]	0.835[2]					

注：①初期，②经验期。

2. 验证性因子分析

探索性因子分析通过后，运用 AMOS 23.0 统计分析软件对剩余的 201 份问卷进行验证性因子分析，以此来确定量表的聚合效度和区分效度。由于产品创新网络关系和营销创新网络关系属于潜因子型构念，因此需要对两个变量分别进行二阶验证性因子分析（吴明隆，2010）。

（1）产品创新网络关系的验证性因子分析

本书采用极大似然法对产品创新网络关系进行验证性因子分析，结果如

图 6.1 和表 6.13 所示。

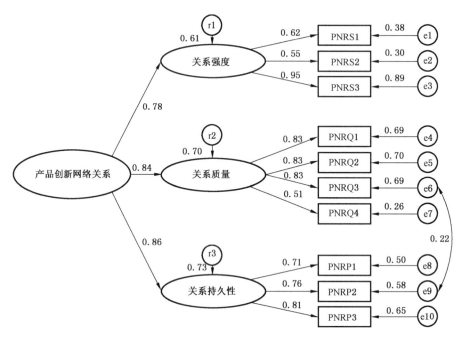

（a）产品创新网络关系初期验证性因子分析测量模型图

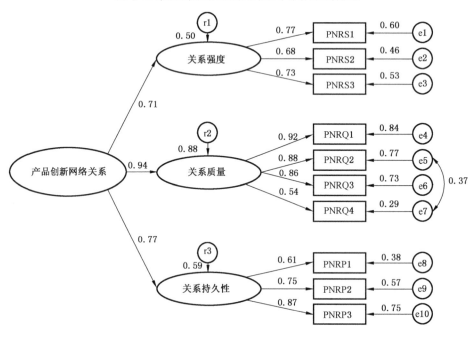

（b）产品创新网络关系经验期验证性因子分析测量模型图

图 6.1　产品创新网络关系验证性因子分析测量模型图

表 6.13 产品创新网络关系的验证性因子分析结果（$N=201$）

变量	题项	T 值		CR	AVE	相关系数	
关系强度	PNRS1	—	—	$0.762^①$	$0.529^①$	关系强度↔关系质量	
	PNRS2	$7.351^{***①}$	$9.579^{***②}$	$0.772^②$	$0.530^②$	$0.655^①$	$0.656^②$
	PNRS3	$8.967^{***①}$	$8.301^{***②}$				
关系质量	PNRQ1	—	—	$0.858^①$	$0.591^①$	关系质量↔关系持久性	
	PNRQ2	$3.953^{***①}$	$18.873^{***②}$	$0.874^②$	$0.652^②$	$0.727^①$	$0.722^②$
	PNRQ3	$4.361^{***①}$	$18.319^{***②}$				
	PNRQ4	$7.722^{***①}$	$8.981^{***②}$				
关系持久性	PNRP1	—	—	$0.815^①$	$0.579^①$	关系强度↔关系持久性	
	PNRP2	$9.475^{***①}$	$8.840^{***②}$	$0.792^②$	$0.563^②$	$0.671^①$	$0.557^②$
	PNRP3	$9.714^{***①}$	$5.938^{***②}$				
产品创新网络关系	关系强度			$0.684^①$	$0.784^①$		
	关系质量	$6.844^{***①}$	$7.336^{***②}$	$0.842^②$	$0.661^②$		
	关系持久性	$6.028^{***①}$	$6.435^{***②}$				

测量模型拟合指数							
χ^2/df		RMSEA		CFI		TLI	
$2.919^①$	$2.754^②$	$0.092^①$	$0.056^②$	$0.939^①$	$0.932^②$	$0.929^①$	$0.918^①$

注：①初期，②经验期；*** 表示 $p<0.001$。

观察图 6.1 与表 6.13 中产品创新网络关系的验证性因子计算结果可知：

各因素的标准负荷量的值均处于 0.500 至 0.950 之间，各潜变量的平均变异量抽取值（AVE）均大于 0.500，均达到了显著性要求，说明模型具有较好的聚合效度。潜变量相关系数的值都低于 0.850，且平方值均小于平均变异量抽取值（AVE），说明模型具有区分效度。同时，模型拟合指数 χ^2/df、RMSEA、CFI 和 TLI 的值在协同治理两个时期的数值均在接受标准范围。因此，产品创新网络关系的测量模型有效。

（2）营销创新网络关系的验证性因子分析

采用极大似然法对营销创新网络关系进行验证性因子分析，结果如图 6.2 和表 6.14 所示。

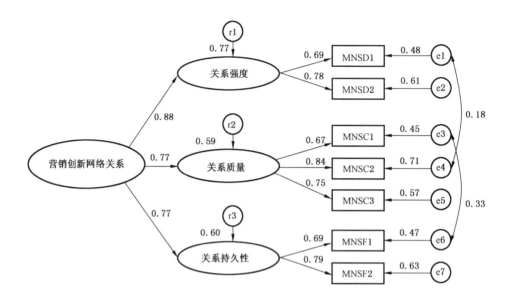

（a）营销创新网络关系初期验证性因子分析测量模型图

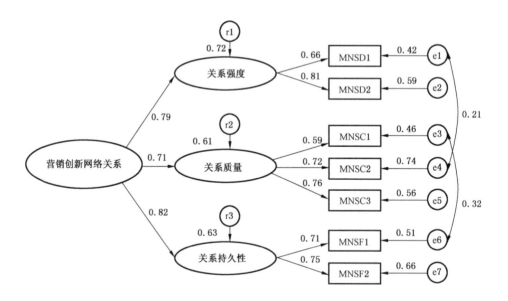

（b）营销创新网络关系经验期验证性因子分析测量模型图

图 6.2　营销创新网络关系验证性因子分析测量模型图

表 6.14 营销创新网络关系的验证性因子分析结果($N=201$)

变量	题项	T 值		CR	AVE	相关系数	
关系强度	MNSD1	—	—	0.798[①]	0.570[①]	关系强度↔关系质量	
	MNSD2	9.657***[①]	8.962***[②]	0.800[②]	0.575[②]	0.671[①]	0.730[②]
关系质量	MNSC1	—	—	0.780[①]	0.572[①]	关系质量↔关系持久性	
	MNSC2	10.035***[①]	9.450***[②]	0.786[②]	0.553[②]	0.593[①]	0.720[②]
	MNSC3	9.985***[①]	9.394***[②]				
关系持久性	MNSF1	—	—	0.709[①]	0.550[①]	关系强度↔关系持久性	
	MNSF2	7.526***[①]	9.256***[②]	0.751[②]	0.601[②]	0.677[①]	0.710[②]
营销创新网络关系	关系强度	—	—	0.850[①]	0.653[①]		
	关系质量	5.956***[①]	7.426***[②]	0.901[②]	0.753[②]		
	关系持久性	5.778***[①]	6.769***[②]				

测量模型拟合指数

χ^2/df		RMSEA		CFI		TLI	
3.396[①]	4.756[②]	0.067[①]	0.066[②]	0.941[①]	0.932[②]	0.915[①]	0.901[①]

注:①初期,②经验期;*** 表示 $p<0.001$。

观察图 6.2 与表 6.14 中营销创新网络关系的验证性因子结果可知:

各因素的标准负荷量的值均处于 0.500 至 0.950 之间,各潜变量的平均变异量抽取值(AVE)均大于 0.500,均达到了显著性要求,说明模型具有较好的聚合效度。潜变量相关系数的值都低于 0.850,且平方值均小于平均变异量抽取值(AVE),说明模型具有区分效度。同时,模型拟合指数 χ^2/df、RMSEA、CFI 和 TLI 的值在两个时期的数值均在接受标准范围。因此,营销创新网络关系的测量模型有效。

(二)协同治理的信度与效度分析

本书认为协同治理包括契约治理与关系治理两种形式,都是潜因子型构念,因此,测量时需要作二阶因子分析。

1. 探索性因子分析

(1)契约治理的探索性因子分析

与产品创新网络关系的探索性因子分析相类似,本研究在契约治理的探索性因子分析前,首先通过 KMO 检验与 Bartlett 球体检验对契约治理指标之间的相关性情况进行检验,检验结果如表 6.15 所示,在两个时期契约治理指标的 KMO 的值均在 0.7 以上(初期为 0.813,经验期为 0.818),同时 Bartlett 球体检验也达到了显著(吴明隆,2010)。

表 6.15　契约治理的 KMO 和 Bartlett 检验(N＝201)

KMO 检验		Bartlett 球体检验					
		卡方值		自由度		显著性	
0.813[①]	0.818[②]	1 231.339[①]	1 375.429[②]	35[①]	35[②]	0.000[①]	0.000[②]

注:①初期,②经验期。

　　与产品创新网络关系的探索性因子分析相类似,在完成契约治理的 KMO 检验和 Bartlett 球体检验之后,利用随机抽取的 201 份问卷的数据对契约治理进行探索性因子分析。本研究运用主成分分析法进行公共因子的提取,对所提取的公共因子使用最大方差旋转法进行分析,提取公共因子的标准为特征根大于 1.0。如表 6.16 所示,通过契约治理的 8 个题项提取出 3 个公共因子,两个时期每个题项的因子载荷值均大于 0.5,达到了统计要求(魏江等,2014)。将风险分担、收益分配和问责机制均根据前文的构思归入同一个因子之中,因子的累计解释变差在初期为 82.281%,在经验期为 83.247%,通过了契约治理的探索性因子分析的效度检验。

　　如前文所述,契约治理量表的信度分析是通过 SPASS 22.0 统计分析软件计算 Cronbach's α 系数来实现,计算结果如表 6.16 所示,契约治理总量表的 Cronbach's α 系数在协同治理初期为 0.868,经验期为 0.888,且在两个时期所有因子的 Cronbach's α 系数值均在 0.7 以上,契约治理量表的信度检验通过。

表 6.16　契约治理的探索性因子分析结果(一阶)(N＝201)

因子	题项代码	因子载荷		Cronbach's α 系数	
风险分担	CRS1	0.883[①]	0.965[②]		
	CRS2	0.868[①]	0.886[②]	0.872[①]	0.892[②]
	CRS3	0.787[①]	0.776[②]		
收益分配	CID1	0.913[①]	0.915[②]		
	CID2	0.798[①]	0.812[②]	0.875[①]	0.897[②]
	CID3	0.896[①]	0.911[②]		
问责机制	CAM1	0.815[①]	0.812[②]	0.856[①]	0.876[②]
	CAM2	0.838[①]	0.895[②]		

注:①初期,②经验期。

　　对契约治理进行二阶探索性因子分析时,将契约治理的风险分担、收益分配和问责机制三个维度开展主成分因子分析。分析结果如表 6.17 所示,KMO 检验的值在两个时期均大于 0.7(初期为 0.721,经验期为 0.712),同时在协同治理两个时期的 Bartlett 球体检验也均满足了显著要求。同样利用随机抽取的 201 份问卷的数据进行契约治理二阶探索性因子分析,分析结果如表 6.17 所示,3 个题项提炼出 1 个因子,两个时期每个题项的因子载荷值均大于 0.5,达到了统计要求(魏江等,2014)。因子的累计解释变差在初期为 62.013%,在经验期为 63.674%,契约治理的效度检验通过。

表 6.17　契约治理的探索性因子分析结果(二阶)($N=201$)

因子	题项	因子载荷		解释变异/%	KMO	Bartlett 球体检验		
						卡方值	自由度	显著性
契约治理	风险分担	0.843[1]	0.841[2]	62.013[1]	0.721[1]	112.362[1]	4[1]	0.000[1]
	收益分配	0.752[1]	0.769[2]	63.674[2]	0.712[2]	126.852[2]	4[2]	0.000[2]
	问责机制	0.762[1]	0.773[2]					

注:①初期,②经验期。

(2)关系治理的探索性因子分析

与产品创新网络关系的探索性因子分析相类似,本研究在关系治理的探索性因子分析前,首先通过 KMO 检验与 Bartlett 球体检验对关系治理指标之间的相关性情况进行检验,检验结果如表 6.18 所示,在两个时期关系治理指标的 KMO 的值均在 0.7 以上(初期为 0.751,经验期为 0.721),同时 Bartlett 球体检验也达到了显著(吴明隆,2010)。

表 6.18　关系治理的 KMO 和 Bartlett 检验($N=201$)

KMO 检验		Bartlett 球体检验					
		卡方值		自由度		显著性	
0.751[1]	0.721[2]	898.801[1]	889.804[2]	6[1]	6[2]	0.000[1]	0.000[2]

注:①初期,②经验期。

与契约治理的探索性因子分析相类似,在完成关系治理的 KMO 检验和 Bartlett 球体检验之后,利用随机抽取的 201 份问卷的数据对关系治理进行探索性因子分析。本研究运用主成分分析法进行公共因子的提取,对所提取的公共因子使用最大方差旋转法进行分析,提取公共因子的标准为特征根大于 1.0。如表 6.19 所示,通过关系治理的 11 个题项提取出 3 个公共因子。两个时期每个题项的因子载荷值均大于 0.5,达到了统计要求(魏江等,2014)。将信任、承诺和合作均根据前文的构思归入同一个因子之中,因子的累计解释变差在初期为 83.479%,在经验期为 82.461%,通过了关系治理的探索性因子分析的效度检验。

如前文所述,关系治理量表的信度分析是通过 SPASS 22.0 统计分析软件计算 Cronbach's α 系数来实现,计算结果如表 6.19 所示,关系治理总量表的 Cronbach's α 系数在协同治理初期为 0.861,经验期为 0.836,且在两个时期所有因子的 Cronbach's α 系数值均在 0.7 以上,关系治理量表的信度检验通过。

表 6.19　关系治理的探索性因子分析结果(一阶)($N = 201$)

因子	题项代码	因子载荷		Cronbach's α 系数	
信任	RGT1	0.803[1]	0.925[2]	0.912[1]	0.922[2]
	RGT2	0.917[1]	0.919[2]		
	RGT3	0.889[1]	0.901[2]		
	RGT4	0.928[1]	0.918[2]		
承诺	RGC1	0.914[1]	0.665[2]	0.853[1]	0.746[2]
	RGC2	0.925[1]	0.885[2]		
	RGC3	0.862[1]	0.817[2]		
合作	RGCO1	0.693[1]	0.881[2]	0.817[1]	0.839[2]
	RGCO2	0.926[1]	0.912[2]		
	RGCO3	0.911[1]	0.892[2]		
	RGCO4	0.878[1]	0.811[2]		

注:①初期,②经验期。

对关系治理进行二阶探索性因子分析时,将关系治理的信任、承诺与合作三个维度开展主成分因子分析。分析结果如表 6.20 所示,KMO 检验的值在两个时期均大于 0.7(初期为 0.723,经验期为 0.738),同时在协同治理两个时期的 Bartlett 球体检验也均满足了显著要求。同样利用随机抽取的 201 份问卷的数据进行关系治理二阶探索性因子分析,分析结果如表 6.20 所示,3 个题项提炼出 1 个因子,两个时期每个题项的因子载荷值均大于 0.5,达到了统计要求(魏江等,2014)。因子的累计解释变差在初期为 63.352%,在经验期为 66.421%,关系治理的效度检验通过。

表 6.20　关系治理的探索性因子分析结果(二阶)($N = 201$)

因子	题项	因子载荷		解释变异(%)	KMO	Bartlett 球体检验		
						卡方值	自由度	显著性
关系治理	信任	0.783[1]	0.744[2]	63.352[1]	0.723[1]	108.472[1]	4[1]	0.000[1]
	承诺	0.843[1]	0.866[2]	66.421[2]	0.738[2]	162.261[2]	4[2]	0.000[2]
	合作	0.674[1]	0.826[2]					

注:①初期,②经验期。

2. 验证性因子分析

探索性因子分析通过后,运用 AMOS 23.0 统计分析软件对剩余的 201 份问卷进行验证性因子分析,以此来确定量表的聚合效度和区分效度。由于契约治理和关系治理属于潜因子型构念,因此需要对两个变量分别进行二阶验证性因子分析(吴明隆,2010)。

（1）契约治理的验证性因子分析

本书运用极大似然法对契约治理进行验证性因子分析，结果如图 6.3 和表 6.21 所示。

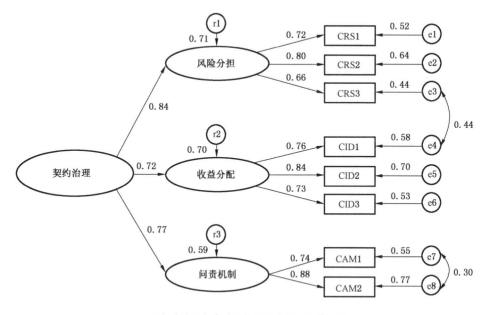

（a）契约治理初期验证性因子分析测量模型图

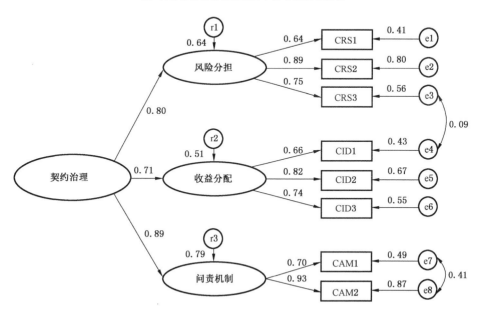

（b）契约治理经验期验证性因子分析测量模型图

图 6.3 契约治理验证性因子分析测量模型图

表 6.21　契约治理的验证性因子分析结果（$N=201$）

变量	题项	T 值		CR	AVE	相关系数	
风险分担	CRS1	—	—				
	CRS2	9.364***①	10.154***②	0.762①	0.521①	风险分担↔收益分配	
	CRS3	8.824***①	9.452***②	0.818②	0.578②	0.618①	0.055②
收益分配	CID1	—	—				
	CID2	9.712***①	9.573***②	0.822①	0.615①	收益分配↔问责机制	
	CID3	10.971***①	8.937***②	0.776②	0.542②	0.594①	0.721②
问责机制	CAM1	—	—	0.817①	0.576①	风险分担↔问责机制	
	CAM2	8.934***①	11.078***②	0.822②	0.611②	0.646①	0.727②
契约治理	风险分担	—	—	0.822①	0.616①		
	收益分配	5.946***①	7.436***②	0.845②	0.655②		
	问责机制	5.766***①	6.769***②				

测量模型拟合指数

χ^2/df		RMSEA		CFI		TLI	
5.186①	3.425②	0.046①	0.074②	0.927①	0.925②	0.924①	0.912①

注：①初期，②经验期。

观察图 6.3 与表 6.21 中契约治理的验证性因子结果可知：

各因素的标准负荷量的值均处于 0.500 至 0.950 之间，各潜变量的平均变异量抽取值（AVE）均大于 0.500，均达到了显著性要求，说明模型具有较好的聚合效度。潜变量相关系数的值都低于 0.850，且平方值均小于平均变异量抽取值（AVE），说明模型具有区分效度。同时，模型拟合指数 χ^2/df、RMSEA、CFI 和 TLI 的值在协同治理两个时期的数值均在接受标准范围。因此，产品创新网络关系的测量模型有效。

（2）关系治理

本书采用极大似然法对关系治理进行验证性因子分析，结果如图 6.4 和表 6.22 所示。

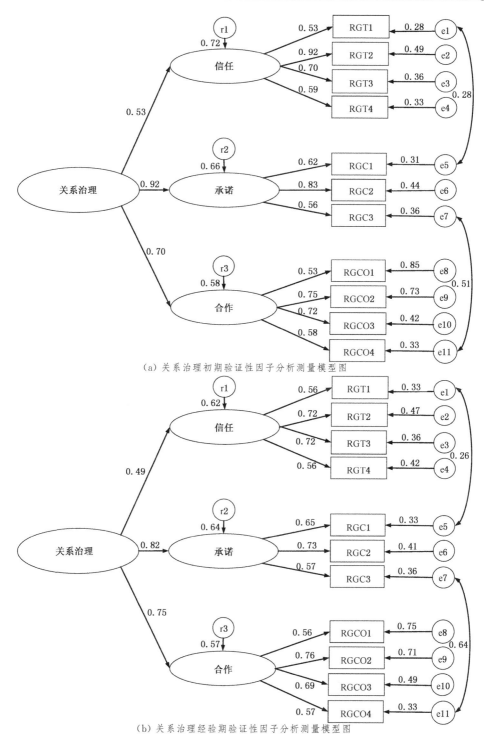

（a）关系治理初期验证性因子分析测量模型图

（b）关系治理经验期验证性因子分析测量模型图

图 6.4　关系治理验证性因子分析测量模型图

表 6.22　关系治理的验证性因子分析结果（$N=201$）

变量	题项	T 值		CR	AVE	相关系数	
信任	GRT1	—	—				
	GRT2	9.656***①	8.963***②	0.797①	0.553①	信任↔承诺	
	GRT3	9.123***①	8.657***①	0.801②	0.574②	0.672①	0.731②
	GRT4	8.676***①	8.646***①				
承诺	RGC1	—	—	0.771①	0.563①	承诺↔合作	
	RGC2	9.044***①	9.451***②	0.784②	0.533②	0.594①	0.721②
	RGC3	9.973***①	9.566***②				
合作	RGCO1	—	—	0.719①	0.551①	信任↔合作	
	RGCO2	7.524***①	9.255***②	0.752②	0.602②	0.676①	0.711②
	RGCO3	9.647***①	9.654***①				
	RGCO4	9.647***①	9.677***①				
关系治理	信任	—	—	0.851①	0.654①		
	承诺	5.966***①	7.436***②	0.902②	0.754②		
	合作	5.768***①	6.779***②				

测量模型拟合指数

χ^2/df		RMSEA		CFI		TLI	
4.985①	2.423②	0.001①	0.075②	0.985①	0.981②	1.022①	0.934①

注：①初期，②经验期。

观察图 6.4 与表 6.22 中关系治理的验证性因子结果可知：

各因素的标准负荷量的值均处于 0.500 至 0.950 之间，各潜变量的平均变异量抽取值（AVE）均大于 0.500，均达到了显著性要求，说明模型具有较好的聚合效度。潜变量相关系数的值都低于 0.850，且平方值均小于平均变异量抽取值（AVE），说明模型具有区分效度。同时，模型拟合指数 χ^2/df、RMSEA、CFI 和 TLI 的值在协同治理两个时期的数值均在接受标准范围。因此，产品创新网络关系的测量模型有效。

（三）林产坚果区域品牌效应提升的信度与效度分析

1. 探索性因子分析

林产坚果区域品牌效应是潜变量，因此，只需要进行一阶因子分析。与产品创新网络关系的探索性因子分析相类似，本研究在林产坚果区域品牌效应提升的探索性因子分析前，首先通过 KMO 检验和 Bartlett 球体检验对林产坚果区域品牌效应提升指标之间的相关性进行检验,检验结果如表 6.23 所示,在协同治理两个时期林产坚果区域品牌效应提升指标的 KMO 的值均在 0.7 以上(初期为 0.797,经验期为 0.744),同时 Bartlett 球体检验也达到了显著(吴明隆,2010)。

表 6.23　林产坚果区域品牌效应提升的 KMO 和 Bartlett 检验($N = 201$)

KMO 检验		Bartlett 球体检验					
		卡方值		自由度		显著性	
0.797[①]	0.744[②]	348.435[①]	528.506[②]	6[①]	6[②]	0.000[①]	0.000[②]

注:①初期,②经验期。

与前文各变量的探索性因子分析相类似,在完成林产坚果区域品牌效应提升的 KMO 检验与 Bartlett 球体检验之后,利用随机抽取的 201 份问卷的数据对林产坚果区域品牌效应提升进行探索性因子分析。如表 6.24 所示,由 4 个题项组成。两个时期每个题项的因子载荷值均大于 0.5,达到了统计要求(魏江等,2014)。因子的累计解释变差在初期为 69.880%,在经验期为 69.880%,通过了林产坚果区域品牌效应提升的探索性因子分析的效度检验。

如前文所述,林产坚果区域品牌效应提升量表的信度分析是通过 SPASS 22.0 统计分析软件计算 Cronbach's α 系数来实现,计算结果如表 6.24 所示,林产坚果区域品牌效应提升总量表的 Cronbach's α 系数初期为 0.843,经验期为 0.869,且在协同治理的两个时期所有因子的 Cronbach's α 系数值均在 0.7 以上,林产坚果区域品牌效应提升量表通过信度检验。

表 6.24　林产坚果区域品牌效应提升的探索性因子分析结果($N = 201$)

因子	题项代码	因子载荷		Cronbach's α 系数	
林产坚果区域品牌效应提升	BSE1	0.853[①]	0.841[②]	0.843[①]	0.869[②]
	BSE2	0.834[①]	0.776[②]		
	BSE3	0.822[①]	0.877[②]		
	BSE4	0.855[①]	0.897[②]		

注:①初期,②经验期。

2. 验证性因子分析

探索性因子分析通过后,研究运用 AMOS 23.0 对剩余的 201 份问卷展开验证性因子分析(吴明隆,2010)。

本书运用极大似然法对林产坚果区域品牌效应提升进行验证性因子分析,结果如图 6.5 和表 6.25 所示。

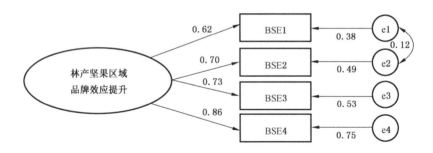

（a）林产坚果区域品牌效应提升初期验证性因子分析测量模型图

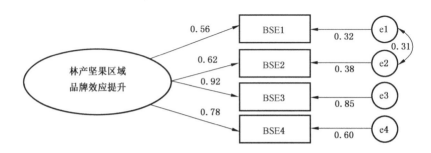

（b）林产坚果区域品牌效应提升经验期验证性因子分析测量模型图

图 6.5　林产坚果区域品牌效应提升验证性因子分析测量模型图

表 6.25　林产坚果区域品牌效应提升的验证性因子分析结果（$N=201$）

变量	题项	T 值		CR	AVE
林产坚果区域品牌效应提升	BES1	——	——		
	BES2	5.946***[①]	7.436***[②]	0.833[①]	0.557[①]
	BES3	5.878***[①]	6.767***[②]	0.827[②]	0.546[②]
	BES4	8.862***[①]	8.363***[①]		

测量模型拟合指数							
χ^2/df		RMSEA		CFI		TLI	
3.395[①]	2.022[②]	0.079[①]	0.021[②]	0.992[①]	0.980[②]	0.953[①]	0.969[①]

注：①初期，②经验期。

观察图 6.5 与表 6.25 中林产坚果区域品牌效应提升的验证性因子结果可知：

各因素的标准负荷量的值均处于 0.500 至 0.950 之间，各潜变量的平均变异量抽取值（AVE）均大于 0.500，均达到了显著性要求，说明模型具有较好的聚合效度。潜变量相关系数的值都低于 0.850，且平方值均小于平均变异量抽取值（AVE），说明模型具有区分效度。同时，模型拟合指数 χ^2/df、RMSEA、CFI 和

TLI 的值在协同治理两个时期的数值均在接受标准范围。因此,产品创新网络关系的测量模型有效。

三、假设检验

本研究采用 SPSS 22.0 统计分析软件,通过回归方程将自变量(社会网络关系:产品创新网络关系和营销创新网络关系)、中介变量(协同治理:契约治理和关系治理)、因变量(林产坚果区域品牌效应提升)及控制变量(主体性质、主体规模、成立年限和专职品牌管理团队规模)纳入模型中,以检验第五章所提出研究假设,包括直接效应和中介效应。其中关于中介效应的假设检验,本研究参考 Baxon and Kenny(1986)提出的逐步法,通过依次检验自变量与因变量(社会网络关系对林产坚果区域品牌效应的作用)、自变量与中介变量(社会网络关系对协同治理的作用),再检验协同治理在"社会网络关系——林产坚果区域品牌效应"之间的中介效应。

在研究中为确保多元回归结果具有准确性,在回归分析之前对模型开展了三项检验,即多重共线性检验、序列相关性检验和异方差检验(马庆国,2002)。本研究通过方差膨胀因子(VIF 小于 10)检验了回归方程的多元共线性问题(Cohen et al.,2013),其中涉及的所有模型变量间的 VIF 最大值为 4.837,小于临界值 10,因此,本研究中变量之间多重共线性问题不明显。通过残差序列相关性(DW 值)检验了变量的序列相关性问题(朱平芳,2004),本研究所有回归模型的 DW 值均接近 2,表明本书序列相关性问题不明显。同时,参考马庆国(2002)的研究,本研究通过绘制残差散点图(横坐标:标准化预测值;纵坐标:标准化残差),研究证明了各回归模型的异方差性问题不明显。

(一)社会网络关系对林产坚果区域品牌效应提升的影响

基于现有理论和探索性案例研究分析结果,本研究提出了社会网络关系对林产坚果区域品牌效应提升具有正向影响。本部分主要验证本书所提出的假设 H1a~H1d,分析产品创新网络关系和营销创新网络关系对林产坚果区域品牌效应提升效应有何影响。为此,本研究构建了回归模型 1 和模型 2,模型 1 为在林产坚果区域品牌协同治理初期的模型,模型 2 为在林产坚果区域品牌协同治理经验期的模型。将林产坚果区域品牌效应提升视为因变量,将社会网络关系(产品创新网络关系和营销创新网络关系)视为自变量构建回归模型,标准化回归结果如表 6.26 所示。

表 6.26　社会网络关系与林产坚果区域品牌效应提升回归结果(N＝201)

	模型 1(初期)	模型 2(经验期)
性质	0.021**	0.041
规模	0.012**	0.021**
成立年限	0.048**	0.046*
专职品牌管理团队规模	0.034**	0.035**
产品创新网络关系	0.322***	0.457***
营销创新网络关系	0.435***	0.373***
R^2	0.537	0.612
调整 R^2	0.547	0.594
F 值	51.731	64.946
DW 值	1.673	1.798

注 1:因变量为林产坚果区域品牌效应提升。

注 2: R^2 代表可决系数; * 代表 $p<0.05$, ** 代表 $p<0.01$; *** 代表 $p<0.001$。

表 6.26 中的回归结果表明,在协同治理的初期与经验期,社会网络关系(产品创新网络关系和营销创新网络关系)都对林产坚果区域品牌效应提升具有显著的正向影响。其中,初期产品创新网络关系、营销创新网络关系与林产坚果区域品牌效应提升的标准化回归系数分别为 0.322 和 0.435,并且均达到显著水平($p<0.001$);经验期产品创新网络关系、营销创新网络关系与林产坚果区域品牌效应的标准化回归系数分别为 0.457 和 0.373,且均达到显著水平($p<0.001$)。因此,假设 H1a(产品创新网络关系正向影响林产坚果区域品牌效应提升)、假设 H1b(营销创新网络关系正向影响林产坚果区域品牌效应提升)得到验证。回归结果还表明,在协同治理初期产品创新网络关系对林产坚果区域品牌效应提升的影响标准化回归系数为 0.322,在协同治理经验期则为 0.457,影响程度随时间演进增加;在协同治理初期营销创新网络关系对林产坚果区域品牌效应提升的影响标准化回归系数为 0.435,在协同治理经验期则为 0.373。因此,假设 H1c(产品创新网络关系对林产坚果区域品牌效应提升的影响程度会随时间改变)、H1d(营销创新网络关系对林产坚果区域品牌效应提升的影响程度会随时间改变)得到了验证。

(二) 社会网络关系对协同治理的影响

基于现有理论和探索性案例研究分析结果,本研究提出了社会网络关系对协同治理(契约治理和关系治理)具有正向影响。其中,假设 H2a～H2d 是关于社会网络关系与契约治理的假设,假设 H3a～H3d 是关于社会网络关系与关系治理的假设。为此,本研究构建了回归模型 1 和模型 2,模型 1 为在林产坚果区域品牌协同治理初期的模型,模型 2 为在林产坚果区域品牌协同治理经验期的模型。本部分分别以契约治理和关系治理为因变量,将产品创新网络关系和营销创新网络关系作为自变量,分析社会网络关系对契约治理和关系治理的影响。

1. 社会网络关系对契约治理的影响

以契约治理为因变量,以产品创新网络关系和营销创新网络关系为自变量构建回归模型,标准化回归结果如表 6.27 所示。

表 6.27　社会网络关系与契约治理回归结果($N=201$)

	模型 1(初期)	模型 2(经验期)
性质	0.022	0.023
规模	0.027**	0.036*
成立年限	0.007*	0.005*
专职品牌管理团队规模	0.036*	0.033*
产品创新网络关系	0.361***	0.413***
营销创新网络关系	0.467***	0.436***
R^2	0.575	0.621
调整 R^2	0.547	0.654
F 值	50.231	69.694
DW 值	1.834	1.923

注 1:因变量为契约治理。

注 2:R^2 代表可决系数;* 代表 $p<0.05$;** 代表 $p<0.01$;*** 代表 $p<0.001$。

表 6.27 中的回归结果表明,无论在协同治理的初期还是经验期,社会网络关系对契约治理具有显著的正向影响。其中,初期,产品创新网络关系和营销创新网络关系对契约治理的标准化回归系数分别为 0.361 和 0.467,且均达到显著水平($p<0.001$);经验期,产品创新网络关系和营销创新网络关系对契约治理的标准化回归系数分别为 0.413 和 0.436,且均达到显著水平($p<0.001$)。因此,假设 H2a(产品创新网络关系正向影响契约治理)、假设 H2b(营销创新网络关系正向影响契约治理)得到验证。同时发现,社会网络关系对契约治理的影响程度随着协同治理的持续而发生变化。其中,协同治理初期产品创新网络关系对契约治理的影响标准化回归系数为 0.361,协同治理经验期则为 0.413,证明影响程度随协同治理的持续进行而增加;而营销创新网络关系对契约治理的影响初期标准化回归系数为 0.467,经验期标准化回归系数为 0.436,影响作用随时间演进降低。假设 H2c(产品创新网络关系对契约治理的影响程度会随时间改变)、假设 H2d(营销创新网络关系对契约治理的影响程度会随时间改变)得到验证。

2. 社会网络关系对关系治理的影响

以关系治理为因变量,以产品创新网络关系和营销创新网络关系为自变量构建回归模型,标准化回归结果如表 6.28 所示。

表 6.28　社会网络关系与关系治理回归结果($N=201$)

	模型 1(初期)	模型 2(经验期)
性质	0.053*	0.045
规模	0.015**	0.016*
成立年限	0.004*	0.006*
专职品牌管理团队规模	0.030*	0.032*
产品创新网络关系	0.201***	0.319***
营销创新网络关系	0.562***	0.483***
R^2	0.534	0.548
调整 R^2	0.523	0.558
F 值	47.115	54.142
DW 值	1.832	1.937

注 1:因变量为关系治理。

注 2:R^2 代表可决系数;* 代表 $p<0.05$,** 代表 $p<0.01$;*** 代表 $p<0.001$。

表 6.28 中的回归结果表明,无论在协同治理初期还是经验期,社会网络关系对关系治理都有显著的正向影响。其中,在协同治理初期产品创新网络关系和营销创新网络关系对关系治理的标准化回归系数分别为 0.201 和 0.562,且均达到了显著水平($p<0.001$);在协同治理的经验期,产品创新网络关系与营销创新网络关系对关系治理的标准化回归系数分别为 0.319 和 0.483,且均达显著水平($p<0.001$)。因此,假设 H3a(产品创新网络关系正向影响关系治理)、假设 H3b(营销创新网络关系正向影响关系治理)得到验证。同时发现,产品创新网络关系和营销创新网络关系对关系治理的影响程度随协同治理的持续进行发生变化。其中,在协同治理初期产品创新网络关系对关系治理的影响标准化回归系数为 0.201,在协同治理经验期则为 0.319,证明影响程度随协同治理的持续进行而增加;在协同治理初期营销创新网络关系对关系治理的影响标准化回归系数为 0.562,协同治理经验期则为 0.483,证明影响程度随协同治理的持续进行而降低。假设 H3c(产品创新网络关系对关系治理的影响程度会随时间改变)、假设 H3d(营销创新网络关系对关系治理的影响程度会随时间改变)得到验证。

（三）协同治理对林产坚果区域品牌效应提升的影响

1. 契约治理对林产坚果区域品牌效应提升的影响

以林产坚果区域品牌效应提升为因变量，以契约治理为自变量构建回归模型，标准化回归结果如表 6.29 所示。

表 6.29　契约治理与林产坚果区域品牌效应提升回归结果（$N=201$）

	模型 1（初期）	模型 2（经验期）
性质	0.012^*	0.002^*
规模	0.037^{**}	0.056^{**}
成立年限	0.035^{**}	0.040^*
专职品牌管理团队规模	0.031^{**}	0.033^{**}
契约治理	0.708^{***}	0.806^{***}
R^2	0.657	0.661
调整 R^2	0.651	0.663
F 值	102.572	104.163
DW 值	1.847	1.851

注 1：因变量为林产坚果区域品牌效应提升。

注 2：R^2 代表可决系数；$*$ 代表 $p<0.05$，$**$ 代表 $p<0.01$；$***$ 代表 $p<0.001$。

表 6.29 中的回归结果表明，无论在协同治理的初期还是经验期，契约治理对林产坚果区域品牌效应提升都有显著的正向影响。其中，初期契约治理对林产坚果区域品牌效应的标准化回归系数为 0.708，经验期契约治理对林产坚果区域品牌效应的标准化回归系数为 0.806，且均达显著水平（$p<0.001$）。因此，假设 H4（契约治理正向影响林产坚果区域品牌效应提升）得到验证。

2. 关系治理对林产坚果区域品牌效应的影响

以林产坚果区域品牌效应提升为因变量，以关系治理为自变量构建回归模型，标准化回归结果如表 6.30 所示。

表 6.30　关系治理与林产坚果区域品牌效应提升回归结果（$N=201$）

	模型 1（初期）	模型 2（经验期）
性质	0.052^*	0.039
规模	0.031^{**}	0.035^*
成立年限	0.027^{**}	0.022^{**}
专职品牌管理团队规模	0.029^{**}	0.030^{**}

续表 6.30

	模型 1(初期)	模型 2(经验期)
关系治理	0.566***	0.621***
R^2	0.351	0.389
调整 R^2	0.339	0.378
F 值	27.784	35.642
DW 值	1.851	1.839

注 1：因变量为林产坚果区域品牌效应提升。

注 2：R^2 代表可决系数；* 代表 $p<0.05$，** 代表 $p<0.01$；*** 代表 $p<0.001$。

表 6.30 中的回归结果表明，无论在协同治理的初期还是经验期，关系治理对林产坚果区域品牌效应提升都有显著的正向影响。其中，初期关系治理对林产坚果区域品牌效应的标准化回归系数为 0.566，经验期关系治理对林产坚果区域品牌效应的标准化回归系数为 0.621，且均达显著水平（$p<0.001$）。因此，假设 H5（关系治理正向影响林产坚果区域品牌效应提升）得到验证。

（四）协同治理的中介效应检验

基于现有理论和探索性案例研究分析结果，本研究提出了社会网络关系对协同治理（契约治理和关系治理）具有正向影响。其中，假设 H6a～H6b 是关于契约治理中介作用的假设，假设 H7a～H7b 是关于关系治理中介作用的假设。按照逐步法的验证逻辑，上文验证了自变量与因变量（社会网络关系对林产坚果区域品牌效应的作用）、自变量与中介变量（社会网络关系对协同治理的作用），因此，可以进行检验协同治理在"社会网络关系——林产坚果区域品牌效应"之间的中介效应。为此，本研究构建了回归模型 1 和模型 2，模型 1 为多元回归基准模型，模型 2 是在模型 1 的基础上加入中介变量的结果。

1. 契约治理的中介效应

首先验证契约治理对"社会网络关系——林产坚果区域品牌效应提升"的中介作用，标准化回归结果如表 6.31 所示。

表 6.31　契约治理对"社会网络关系——林产坚果区域品牌效应提升"的中介作用（$N=201$）

	初期		经验期	
	模型 1	模型 2	模型 1	模型 2
性质	0.021**	0.013	0.041	0.038
规模	0.011**	0.009*	0.022**	0.041*
成立年限	0.048**	0.051	0.047*	0.051

续表 6.31

	初期		经验期	
	模型 1	模型 2	模型 1	模型 2
专职品牌管理团队规模	0.042**	0.043**	0.042**	0.044**
产品创新网络关系	0.324**	0.139*	0.451***	0.232***
营销创新网络关系	0.479**	0.192**	0.371***	0.156***
契约治理		0.581***		0.522***
R^2	0.546	0.691	0.601	0.718
调整 R^2	0.536	0.672	0.583	0.701
F 值	51.731	79.328	64.845	86.342
DW 值	1.667	1.844	1.786	1.932

注 1：因变量为林产坚果区域品牌效应提升。

注 2：R^2 代表可决系数；* 代表 $p < 0.05$，** 代表 $p < 0.01$；*** 代表 $p < 0.001$。

在协同治理的两个时期模型 1 的基础上引入契约治理(成为模型 2)，初期产品创新网络关系对林产坚果区域品牌效应的影响系数由模型 1 的 0.324($p < 0.01$)下降到模型 2 的 0.139($p < 0.05$)，营销创新网络关系对林产坚果区域品牌效应提升的影响系数由模型 1 的 0.479($p < 0.01$)降至模型 2 的 0.192($p < 0.01$)；在协同治理经验期产品创新网络关系对林产坚果区域品牌效应的影响系数由模型 1 的 0.451($p < 0.001$)下降到模型 2 的 0.232($p < 0.001$)，营销创新网络关系对林产坚果区域品牌效应提升的影响标准化回归系数由模型 1 中的 0.371($p < 0.001$)变为模型 2 的 0.156($p < 0.001$)。说明无论是在协同治理的初期还是经验期，契约治理都是"产品创新网络关系——林产坚果区域品牌效应提升"的部分中介，也是"营销创新网络关系——林产坚果区域品牌效应提升"的部分中介。假设 H6a(契约治理对"产品创新网络关系——林产坚果区域品牌效应提升"具有中介作用)、假设 H6b(契约治理对"营销创新网络关系——林产坚果区域品牌效应提升"具有中介作用)均通过验证。

2. 关系治理的中介效应

本部分对关系治理对"社会网络关系——林产坚果区域品牌效应提升"具有中介作用进行验证，标准化回归结果如表 6.32 所示。

表 6.32　关系治理对"社会网络关系——林产坚果区域品牌效应提升"的中介作用（$N=201$）

	初期		经验期	
	模型 1	模型 2	模型 1	模型 2
性质	0.021**	0.014	0.042	0.033
规模	0.012**	0.009*	0.021**	0.019*
成立年限	0.047**	0.047	0.058**	0.057
专职品牌管理团队规模	0.032**	0.035**	0.035**	0.033**
产品创新网络关系	0.431***	0.292*	0.439***	0.407***
营销创新网络关系	0.502**	0.439***	0.379***	0.331**
关系治理		0.144*		0.128*
R^2	0.536	0.557	0.612	0.617
调整 R^2	0.532	0.544	0.593	0.596
F 值	51.732	45.426	64.836	55.217
DW 值	1.887	1.895	1.787	1.892

注 1：因变量为林产坚果区域品牌效应提升。

注 2：R^2 代表可决系数；* 代表 $p<0.05$，** 代表 $p<0.01$；*** 代表 $p<0.001$。

在协同治理的两个时期，以模型 1 为基础模型引入关系治理（成为模型 2），初期产品创新网络关系对林产坚果区域品牌效应的影响系数由模型 1 的 0.431（$p<0.001$）下降到模型 2 的 0.292（$p<0.05$），营销创新网络关系对林产坚果区域品牌效应提升的影响系数从模型 1 的 0.502（$p<0.01$）降至模型 2 的 0.439（$p<0.001$）；在协同治理经验期产品创新网络关系对林产坚果区域品牌效应提升的影响系数由模型 1 的 0.439（$p<0.001$）下降到模型 2 的 0.407（$p<0.001$），营销创新网络关系对林产坚果区域品牌效应提升的影响标准化回归系数由模型 1 中的 0.379（$p<0.001$）变为模型 2 中的 0.331（$p<0.01$）。说明无论是在协同治理的初期还是经验期，关系治理都是"产品创新网络关系——林产坚果区域品牌效应提升"的部分中介，也是"营销创新网络关系——林产坚果区域品牌效应提升"的部分中介，假设 H7a（关系治理对"产品创新网络关系——林产坚果区域品牌效应提升"具有中介作用）、假设 H7b（关系治理对"营销创新网络关系——林产坚果区域品牌效应提升"具有中介作用）均通过验证。

综上所述，本研究通过文献分析和探索性案例分析所提出的研究假设都通过了实证数据的检验，并验证了"社会网络关系结构—协同治理—林产坚果区域品牌效应提升"概念模型。

假设验证结果如表 6.33 所示。

表 6.33 假设检验结果汇总

序号	假设内容	检验结果
H1a	产品创新网络关系正向影响林产坚果区域品牌效应提升	通过
H1b	营销创新网络关系正向影响林产坚果区域品牌效应提升	通过
H1c	产品创新网络关系对林产坚果区域品牌效应提升的影响程度会随时间改变	通过
H1d	营销创新网络关系对林产坚果区域品牌效应提升的影响程度会随时间改变	通过
H2a	产品创新网络关系正向影响契约治理	通过
H2b	营销创新网络关系正向影响契约治理	通过
H2c	产品创新网络关系对契约治理的影响程度会随时间改变	通过
H2d	营销创新网络关系对契约治理的影响程度会随时间改变	通过
H3a	产品创新网络关系正向影响关系治理	通过
H3b	营销创新网络关系正向影响关系治理	通过
H3c	产品创新网络关系对关系治理的影响程度会随时间改变	通过
H3d	营销创新网络关系对关系治理的影响程度会随时间改变	通过
H4	契约治理正向影响林产坚果区域品牌效应提升	通过
H5	关系治理正向影响林产坚果区域品牌效应提升	通过
H6a	契约治理对"产品创新网络关系——林产坚果区域品牌效应提升"具有中介作用	通过(部分中介作用)
H6b	契约治理对"营销创新网络关系——林产坚果区域品牌效应提升"具有中介作用	通过(部分中介作用)
H7a	关系治理对"产品创新网络关系——林产坚果区域品牌效应提升"具有中介作用	通过(部分中介作用)
H7b	关系治理对"营销创新网络关系——林产坚果区域品牌效应提升"具有中介作用	通过(部分中介作用)

四、讨论与分析

(一)直接效应分析

从社会网络关系、协同治理和林产坚果区域品牌效应提升的直接效应的实证结果来看,产品创新网络关系和营销创新网络关系作为林产坚果区域品牌社会网

103

络关系的主要网络表现形式,二者在协同治理初期与经验期都直接影响了协同治理和林产坚果区域品牌效应提升,但具体的影响程度不同。在协同治理初期,产品创新网络关系和营销创新网络关系都直接影响到协同治理和林产坚果区域品牌效应提升。一方面是因为随着利益相关主体间的熟悉程度的提高,为协同治理活动的持续推进提供了更多可能,随着协同治理的持续进行,利益相关主体间的熟悉程度会逐渐增强,此时社会网络关系"生人圈"逐渐变为"熟人圈",这种关系升级会提升主体和林产坚果区域品牌社会网络关系整体网络的密切程度。另一方面是由于林产坚果区域品牌创建任务的需要,不同利益相关主体之间会通过多样化的方式进行沟通,进而会促进社会网络关系的逐步增强,这一研究结果揭示了持续参与的重要性:利益相关者参与区域品牌协同治理的目的是充分利用利益相关者的优势资源,利益相关者持续参与协同治理活动可以增加其资源分享的意愿,有利于最大限度地挖掘协同价值。相关研究也证明了社会网络关系的形成会影响主体的态度和行为(Gunawan and Huarng,2015)。但营销创新网络关系对协同治理、林产坚果区域品牌效应的影响程度要大于产品创新网络关系对协同治理和林产坚果区域品牌效应提升的影响程度。而随着协同治理活动的持续推进,产品创新网络关系和营销创新网络关系对协同治理和林产坚果区域品牌效应提升程度会发生变化。其中,产品创新网络关系对协同治理和林产坚果区域品牌效应的影响程度在逐渐增加,相反,营销创新网络关系对协同治理和林产坚果区域品牌效应的影响程度逐渐下降。

(二)中介效应分析

从协同治理中介效应的相关实证结果来看,无论是在协同治理的初期还是经验期,契约治理和关系治理作为林产坚果区域品牌协同治理的主要表现形式,契约治理、关系治理在"社会网络关系——林产坚果区域品牌效应提升"中都表现出显著的中介效应。同时,产品创新网络关系、营销创新网络关系一方面直接影响林产坚果区域品牌效应提升,另一方面通过影响契约治理和关系治理来影响林产坚果区域品牌效应。结论既验证了社会交易理论的主要观点,与此同时,又是对社会交易理论在区域品牌治理领域的延伸和发展。

五、本章小结

本章是通过实证的方法,验证第五章所提出的概念模型及研究假设,通过探索性因子分析、验证性因子分析、Cronbach's α 系数及共线性等一系列检验,证明本研究量表具有良好的信度与效度水平,满足了开展实证分析的要求。在此基础上,采用多元回归分析,检验主效应和中介效应,研究结果表明:社会网络关系(产品创新网络关系和营销创新网络关系)对协同治理(契约治理和关系治理)和林产坚果区域品牌效应提升有显著的正相关关系。契约治理与关系治理在"社会网络关系——林产坚果区域品牌效应提升"中都充当了部分中介。进一步对比协同治理初期和经验期的标准化多元回归系数发现,产品创新网络关系对协同治理(契约治理和关系治理)和林产坚果区域品牌效应提升的影响程度随着时间的演进而增加。相反,营销创新网络关系对协同治理(契约治理和关系治理)和林产坚果区域品牌效应提升的影响程度随着时间的演进而降低。

第七章　农产品区域公用品牌效应提升对策

本书第六章实证分析了林产坚果区域品牌社会网络关系(产品创新网络关系和营销创新网络关系)对林产坚果区域品牌协同治理和区域品牌效应提升都具有正向作用,并受到网络关系动态性的影响,同时也证明了协同治理在社会网络关系与林产坚果区域品牌效应提升之间的中介作用。本章将在此基础上探讨林产坚果区域品牌效应提升对策。本章首先基于第三至六章的研究结论,从协同学角度构建林产坚果区域品牌协同治理的系统动力学模型,解析林产坚果区域品牌效应提升作用的产生与演化机理;然后,以山东皇华榛子区域品牌协同治理的发展经验,从利益相关者参与行为表现和构成的社会网络关系表现等方面对前面章节的研究结果进行现实检验;最后,在研究结论的基础上提出林产坚果区域品牌效应提升对策。

一、林产坚果区域品牌效应提升演化机理

(一) 研究方法

系统动力学方法由美国麻省理工学院教授 Forrester 在 1956 年创立,该方法将自然科学与社会科学相交叉,将功能、结构与历史相结合并通过计算机建模与实验仿真开展对那些非线性、高阶次和复杂时变的系统开展定量研究(Forrester,1997)。系统动力学模型适合于模拟真实世界非线性变化过程(Geng et al.,2017)。系统动力学关注系统的"结构"(Coyle,1997),将系统视为一个具有多重信息因果关系的反馈机制,并试图找出其原因和影响,其分析的重点是系统内部的交互过程(Julius et al.,2016)。目前,该方法已经在组织协同创新(张成和唐方成,2020)、区域协同发展(王德起等,2020)和乡村产业发展机制(杨亚东等,2020)等领域得到了广泛使用。

本书第三章和第四章对林产坚果区域品牌社会网络关系及协同治理活动的研究发现,林产坚果区域品牌协同治理过程中,利益相关者之间形成的关系具有自组织特征,网络关系表现出明显的非线性变化过程。本书第五章和第六章又实证分析了林产坚果区域品牌社会网络关系(产品创新网络关系和营销创新网络关系)对林产坚果区域品牌协同治理和区域品牌效应提升都具有正向作用,并受到网络关系动态性的影响。同时,本研究的重心是探讨林产坚果区域品牌社会网络关系的关系强度、关系质量和关系持久性在林产坚果区域品牌效应提升过程中发挥的作用,因此更加关注社会网络系统内部主体之间的交互过程分析。

综上所述,本章利用系统动力学方法,基于第三至六章的研究结论,从协同学角度将社会网络关系、协同治理和林产坚果区域品牌等视为系统要素,一同纳入林产坚果区域品牌协同治理的系统动力学模型,解析林产坚果区域品牌效应提升作用的产生与演化机理。

(二)理论模型

前文的研究发现林产坚果区域品牌协同治理是一个多利益相关主体参与下的动态系统,这些利益相关者之间存在着复杂的社会网络关系。从协同学的角度分析,林产坚果区域品牌的协同治理活动是在利益相关主体间形成的协同机制的作用下使协同治理系统朝着有序的方向发展,通过该系统内部要素之间的相互作用,使系统内的主体可以获得结构性支持(张子健和刘伟,2009)。与此同时,整个系统的功能也会因主体的作用而得到一定程度的增强。林产坚果区域品牌协同治理是指在林产坚果区域品牌创建过程中,运用正式契约和关系契约等方式使各利益相关者相互沟通、相互协作,使林产坚果区域品牌创建系统达到有序状态,实现区域林产坚果产品创新与营销创新的高效协同,促进林产坚果区域品牌效应提升。

从系统角度分析,可以将林产坚果区域品牌的协同治理视为一个在不同利益相关主体参与下的网络系统。结合前面章节的研究结论,将林产坚果区域品牌社会网络关系和协同治理纳入该协同治理系统,就构成了社会网络关系视角下林产坚果区域品牌协同治理系统动力学模型,该模型包括利益相关主体关系、协同治理、林产坚果区域品牌、产品创新活动、营销创新活动。林产坚果区域品牌效应是这些要素在协同机制的作用下实现的,该系统动力学模型重点是系统内部的交互过程(Julius *et al.*,2016)。

综上所述,林产坚果区域品牌效应可以用公式表示为:

$$S = f(R,B,P,M,G) \tag{7-1}$$

其中 S 代表林产坚果区域品牌效应,R 代表利益相关主体关系,B 代表林产坚果区域品牌,P 代表产品创新活动,M 代表营销创新活动,G 代表协同治理,$f(x_1,x_2,\cdots,x_n)$ 代表林产坚果区域品牌效应的函数。

(三)系统动力学建模

1. 系统构建

依据系统动力学相关理论,利用 Vensim PLE 软件建立社会网络关系视角下林产坚果区域品牌协同治理的系统动力学模型,如图 7.1 所示。

2. 模型中的方程式建立

本研究借鉴周凌云(2012)、于丽英和蒋宗彩(2014)等学者的研究范式,根据耗散结构理论(Liu *et al.*,2017;王展昭和唐朝阳,2021),将协同熵和协同负熵纳入多主体协同治理的研究中,将林产坚果区域品牌效应理解为是协同熵和协同负熵共同作用所产生的结果效应。

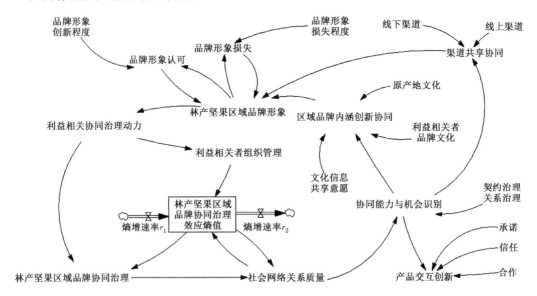

图7.1　林产坚果区域品牌协同治理系统动力学模型

综上,林产坚果区域品牌协同治理系统的公式可以表示为:

$$\theta = \theta^+ + \theta^- \tag{7-2}$$

公式(7-2)中θ代表林产坚果区域品牌协同治理系统的协同总熵变,其表征协同治理作用下的林产坚果区域品牌效应。θ的值越小,说明协同治理系统的无序度越低,即各利益相关主体之间的协同合作更加有序,反映林产坚果区域品牌效应高;θ^+是林产坚果区域品牌协同治理系统协同熵值,其代表的是增效应;θ^-则代表林产坚果区域品牌协同治理的熵减效应,并用r_1和r_2表示熵的速率。

(四)模型分析

本研究将林产坚果区域品牌效应中的协同熵定义为是衡量当地政府、林业管理部门、种植企业、加工企业和物流企业等利益相关者在林产坚果区域品牌协同治理过程中,在资源交互、品牌事务决策和组织协调等工作环节中表现为协同治理系统从有序状态逐渐走向无序的函数。协同负熵则定义为林产坚果区域品牌利益相关主体在林产坚果区域品牌协同治理过程中,系统表现出其有效因素的不断增加而无效因素的逐渐减少,进而使协同治理系统有序程度的增加大于其无序程度的增加的状态函数。

在林产坚果区域品牌协同治理过程中,协同熵与协同负熵的产生因素如表7.1所示。

表 7.1 林产坚果区域品牌协同治理过程中正熵因子和负熵因子

序号	协同正熵因子	协同负熵因子
1	利益相关者协同组织内权责不明,缺乏规章制度约束	明确各利益相关者的权责,建立有效的协同制度
2	利益相关者间信息沟通不畅	加强利益相关者间信息沟通和信息共享
3	利益相关者缺乏大局意识,更注重自身利益	积极开展林产坚果区域品牌治理的宣传,提高各利益相关者的协同意识,促进利益相关者形成共同的利益追求
4	区域缺乏林产坚果区域品牌协同治理方面的支持和约束	区域内积极完善林产坚果区域品牌协同治理方面的支持和约束
5	市场环境的持续复杂化	积极关注市场环境变化并建立有效的市场反应机制
6	相对落后的林产坚果产品种植与加工技术	积极引进和应用先进的产品种植与加工技术
7	品牌资源储备不足	加速品牌资源储备
8	坚果产品市场的波动反应不够灵敏	针对林产坚果的产运销储建立有效的监测制度,及时掌握市场发展态势
9	利益相关者协同治理活动随意性强,不能有效衔接	定期组织利益相关者开展交流,规范协同流程和行为
10	协同资源浪费严重,不能得到有效配置	协同路径进行合理规划

对于林产坚果区域品牌协同治理系统来说,林产坚果区域品牌效应的产生是协同熵和协同负熵共同作用的结果。由于 $\theta^+ < 0, \theta^-$ 可正可负,因此,林产坚果区域品牌协同治理的协同总熵值会有以下三种表现:

(1)在 $\theta = 0$ 时,表明 $\theta^- < 0, \theta^+ = |\theta^-|$,此种情况表明林产坚果区域品牌协同治理系统无林产坚果区域品牌效应。这种情况说明林产坚果区域品牌协同治理系统受到的协同熵和协同负熵的作用是对等的,进而导致的无序度和有序度相互抵消,此时林产坚果区域品牌协同治理系统处于相对停滞的状态。

(2)在 $\theta < 0$ 时,表明 $\theta^- < 0, \theta^+ < |\theta^-|$,此种情况说明林产坚果区域品牌协同治理系统受到的协同负熵大于协同熵,此时林产坚果区域品牌协同治理系统从无序逐渐发展为有序,说明了利益相关主体之间协同合作的能力在逐渐增强,则对应林产坚果区域品牌协同治理系统正向影响林产坚果区域品牌效应。

（3）在 $\theta>0$ 时，表明林产坚果区域品牌协同治理负熵效应的出现。具体表现为：第一种情况为 $\theta^-<0,\theta^+>|\theta^-|$，说明林产坚果区域品牌协同治理受到的协同熵的影响作用大于协同负熵的影响；第二种情况为 $\theta^->0$，说明此时流入林产坚果区域品牌协同治理系统的负熵流并没有产生预期的效果。

二、案例研究

（一）区域品牌：山东皇华榛子

山东皇华榛子是近年山东省潍坊市重点培育的林产坚果区域品牌。该区域品牌是以国内最大的万亩榛子产业示范基地（面积2.1万亩）之一的诸城市皇华镇华山万亩榛子园为载体建设，目前华山万亩榛子园种植榛子树231万棵。山东皇华榛子区域品牌是在当地政府支持下，由林业龙头企业山东三羊榛缘生物科技有限公司推动形成的林产坚果区域品牌。伴随着山东皇华榛子区域品牌的打造，诸城市皇华镇榛子产业"龙头企业＋专业合作社＋万亩示范基地＋农户＋特色榛园专属区域＋精深加工＋仓储物流＋线上线下销售＋农林旅游一体化"的全产业链模式也日渐成熟。目前，围绕山东皇华榛子区域品牌已经聚集了山东三羊榛缘生物科技有限公司、山东华山农林科技有限公司、诸城森森园林农贸科技有限公司、古蔺浩哲农业有限公司、诸城市广旭生态农业发展有限公司、诸城市共好榛子种植专业合作社、诸城市大果榛子研究所和诸城市榛子产业协会等专门从事与榛子产业相关业务的企业单位。当地企业与中国农业大学、北京林业大学、中国林业科学院和山东省农业科学院等科研院所长期保持科技合作，针对榛子苗木品种改良，水肥一体化和土壤增肥等开展技术研发。在山东皇华榛子区域品牌的引领下，周边镇村已有3000多户农民从事榛子的种植生产，同时在全国各地与皇华当地榛子加工企业建立合作关系的榛子合作种植基地也已有130余家。当地企业多次荣获国家林业和草原局颁发的"中国林业产业突出贡献奖、创新奖""林业龙头企业"和山东省农业农村厅颁发的"山东省农业产业化省级重点龙头企业"等荣誉。

（二）资料来源和数据收集过程

本书对山东皇华榛子区域品牌进行了为期两年的跟踪调研。在此过程中，收集到了大量关于该林产坚果区域品牌的一、二手资料，为本研究的顺利进行提供了可靠且丰富的数据。采用的一手资料收集方法具体包括：①对山东皇华榛子区域品牌的跟踪观察长达两年时间，从2018年年底开始，于2020年年底结束。②课题组赴山东实地调研3次。③对参与山东皇华榛子区域品牌协同治理的利益相关者进行访谈，访谈内容包括区域品牌建设状况、各利益相关主体参与该区域品牌协同治理的具体形式和实践过程以及目前该区域品牌的效应等问题。访谈具体包括两种形式：第一种为开放式访谈，受访对象只需要介绍和"山东皇华榛子区域品牌协同治理的开展过程和相关感受",第二种为焦点式访谈,受访谈者需要对具体问题进行回答,包括"在参与该区域品牌协同治理过程中,你们和哪些利益相关者有过交流?是否有经常性的沟通交流?交流的内容是什么?"等问题。本研究采用的二手资料收集方法包括:①主要参与山东皇华榛子区域品牌协同治理的利益相关主体提供的相关资料;②当地政府及企业官网;③新闻媒体的报道。

（三）山东皇华榛子区域品牌协同治理

山东皇华榛子区域品牌的培育过程中形成了"榛子研究＋榛苗繁育＋基地种植＋产品精深加工＋线下线上销售＋休闲旅游"一二三产业深度融合的全产业链运作模式。为此,必须在前期的"榛子种植"、中期的"榛子深加工"和后期的"市场营销"开展多利益相关者的协同合作,典型协同表现为:①联合开展高标准榛子种植示范基地建设。在各利益相关主体的协同参与下,诸城市皇华镇已经建成具有一定规模的高标准榛子种植示范基地,为完成该基地建设,当地新建各类道路100余千米,设计建设了水肥一体化微滴灌系统,新建水利设施15座,铺设各级供水管道560千米。②多主体协同探索新型合作社经营模式。以皇华镇共好榛子种植合作社为例,该合作社推行的"土地返包"的经营模式深受当地农户欢迎,合作社规定每5家农户可以组成一个互助小组,一个互助小组可承包榛子种植园的面积为30亩,而合作社负责向各互助小组提供榛子种植所需的农资和技术以及榛子收购等服务,合作社将扣下每亩150千克榛子作为承包费和服务费,其余则归农户所有。③积极开展产品协同创新。当地企业除了与科研机构开展种植技术合作外,更联合多家科研单位协同开展榛子的深加工研究,目前除了可以生产大量榛子原果以外,还开发了榛子乳、榛子油和榛子挂面等食品,并联合制定了《裹衣榛子仁》《榛子仁》和《榛子干果收购标准》等榛子产业行业标准12项,申请国家专利26项。④协同开展多种营销宣传活动助力市场拓展。如当地政府和区域内企业开展了多种类型的推广宣传活动,致力于让更多的人了解到山东皇华榛子区域品牌,并陆续在京东商城和天猫商城开设专卖店。2019年诸城市皇华镇党委副书记亲自走进直播间带货,介绍山东皇华榛子系列产品。主要参与山东皇华榛子区域品牌协同治理的利益相关者及其主要贡献如表7.2和图7.2所示。

表7.2 山东皇华榛子区域品牌利益相关者主要表现

利益相关者	表现
种植企业	公司加强科技力量攻关,围绕优良品种选育、改良、繁殖、丰产、病虫害防治、产品深加工等关键课题,建立实验基地,开展相关技术研究……
加工企业	申请国家专利26个,并制定了《裹衣榛子仁》《榛子仁》《榛子干果收购标准》《榛子油》《榛子乳》等行业标准,开发生产了榛子乳、榛子油等系列产品……

利益相关者	表现
物流企业	开设运输专线……
经销商	北京、天津、杭州等地建立市场合作……
电商平台	2018 年在京东商城开设专卖店,2020 年在天猫开设专卖店……
合作社	加入合作社的社员,每 5 户为一组,可承包至少 30 亩榛子园。合作社提供农资、技术、收购等服务,榛子收货结算后,合作社扣下每亩 150 千克榛子的承包费和服务费,余下所有收益归承包农民……
消费者组织/社群	2018 年成立线上商城消费者社群……
村集体/当地社区	湖沟村是最早为山东皇华榛子规模化流转土地的村庄,村集体推动土地流转,将原先的荒山秃岭,整理出大片土地。周边 13 个村庄,3000 多户农民参与到榛子种植……
当地政府	诸城市皇华镇党委副书记王法明走进大众网直播间,向网友倾力推介"山东皇华榛子"系列产品。举办"中国龙城,山水皇华,榛美华山"第二届中国(诸城)榛子丰收采摘节……
林业管理部门	在林业部门和政府支持下,新建、修环山路和联村道路 46 千米,园区标准化生产路 50 余千米……
林场	开展经济林养护技术交流……
科研机构/院校	与中国林科院、中国农业大学等科研院所开展科技合作,进一步改良品种,落地水肥一体化、合理剪枝等技术……
行业协会	中国林业产业联合会品牌建设分会"林业品牌中国行走进诸城"活动……
商务咨询机构	协助当地企业先后通过 GB/T 19001—2008 质量管理体系认证、GB/T 22000 食品安全管理体系认证、HACCP(危害分析的临界控制点)认证、国家森林标志生态产品认证、中国森林食品原材料基地认证、齐鲁放心果品品牌认证、绿色产品认证、地理标志产品等资质认证,并通过了海关认证……
媒体	中央电视台、山东电视台等专题报道,冠名山东电视台节目《宝贝!好样的》……

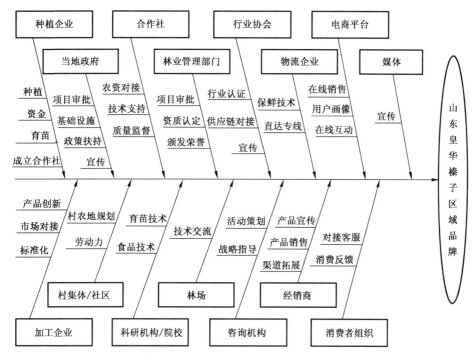

图 7.2 山东皇华榛子区域品牌利益相关者及协同治理任务

观察表 7.1 和图 7.2 可以发现,在山东皇华榛子区域品牌培育过程中,协同治理内容有着明显的差异性,且不同利益相关者的协同任务也存在差异。并可以发现,利益相关者的主要协同治理任务与第四章探索性案例研究的结论相一致,主要包括以榛子种植与深加工为主要内容的"产品赋能"和以榛子产品销售与宣传为主要内容的"营销赋能"。

（四）山东皇华榛子区域品牌协同治理网络分析

为了可以更加直观地观察案例中利益相关者间的社会网络关系,运用社会网络分析软件 UCIENT 6.0,将图 7.2 中的文本数据按照 2018 和 2020 两个年份分别带入,形成山东皇华榛子区域品牌协同治理网络,将山东皇华榛子区域品牌社会网络关系和协同治理任务共同纳入图谱进行观察,其中,圆形图标代表利益相关者,正方形代表协同治理任务,如图 7.3 和图 7.4 所示。

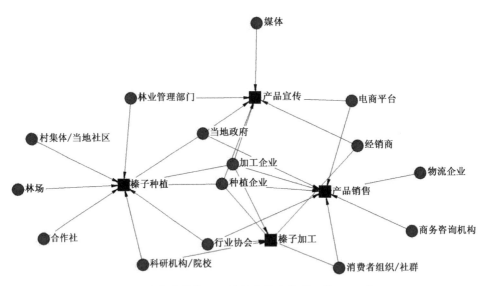

图 7.3　山东皇华榛子区域品牌协同治理网络（2018 年）

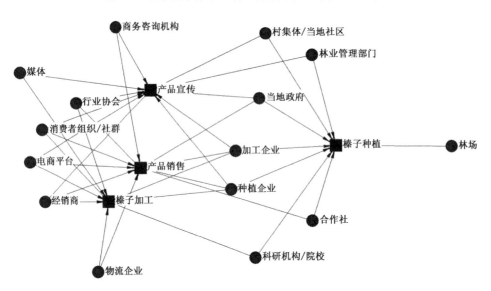

图 7.4　山东皇华榛子区域品牌协同治理网络（2020 年）

对比观察图 7.3 和图 7.4 可以发现，在不同年份山东皇华榛子区域品牌协同治理网络表现出明显的样态异质性表现，一是与 4 个协同治理任务存在直接联系的主体数量 2020 年明显多于 2018 年；二是主体间联系的密切程度 2020 年明显大于 2018 年。同时，结合两个年份该区域品牌的销售业绩和所获得的殊荣数量，可以说明山东皇华榛子区域品牌社会网络关系的变化对其区域品牌效应产生了正向影响。通过对案例资料的分析可知，山东皇华榛子区域品牌通过"公司＋基地＋合作社＋农户"的协同模式,力求把公司、社区、农户,用基地和产业连在一起,把利益绑在一起。当地企业家表示:"通过山东皇华榛子区域品牌的建设,推动了当地榛子产业的深度发展,并逐渐形成了集群合力,我们以集体的力量和智慧推动当地榛子区域品牌的发展。希望通过山东皇华榛子区域品牌的发展壮大,未来可以汇聚行业内更多的尖端资源,为皇华榛子产业的发展注入新的活力。"

相较于初期而言,在山东皇华榛子区域品牌协同治理的经验期,更多的利益相关者表现出较强的资源相对中心性和与其他主体之间的直接联系,同时发现种植企业、加工企业和当地政府三个利益相关主体两个时期内均居于网络的中心位置,并且以加工企业表现得最为明显。除此之外,随着山东皇华榛子区域品牌的发展和主体间熟悉程度的提升,科研机构/院校、行业协会、商务咨询机构和媒体等服务型机构的作用随之增强,特别是近几年互联网营销的兴起与发展,为山东皇华榛子区域品牌利益相关群体的扩大与交流提供了更多的可能性。

综上所述,"山东皇华榛子"作为一个在当地政府与龙头企业双重推动作用下形成的林产坚果区域品牌,使诸城市皇华镇榛子产业"龙头企业＋专业合作社＋万亩示范基地＋农户＋特色榛园专属区域＋精深加工＋仓储物流＋线上线下销售＋农林旅游一体化"的全产业链模式也日渐成熟。在山东皇华榛子区域品牌的引领下,改变了以往企业单打独斗的发展状况,形成了合力。与此同时,随着该品牌的发展带动了周边镇村 3000 多户农民从事榛子的种植生产,实现了农民增收的目标。从现实中证明了林产坚果在落实乡村振兴战略、探求巩固脱贫攻坚的长效机制、破解农民增收难题中均具有重要现实意义。而高质量的林产坚果区域品牌建设是在林产坚果产业实现规模化、标准化、产业化和市场化过程中的必然选择。

三、农产品区域公用品牌效应提升对策

(一) 重视农产品区域公用品牌利益相关者的网络化管理

协同治理是农产品区域公用品牌创建的重要途径,由于利益相关主体规模小、集约化能力不足和主体间社会关系复杂等原因,表现出明显的社会性特征,导致了农产品区域公用品牌效应提升存在较大困难,需要契约治理与关系治理相结合。本书的实证部分也得出,社会网络关系(产品创新网络和营销创新网络)直接影响林产坚果区域品牌协同治理和区域品牌效应。社会网络关系是各利益相关者之间通过交流互动形成的网络。林产坚果区域的系统动力学仿真结果表明,在林产坚果区域品牌创建初期,林产坚果区域品牌所涵盖的信息量和相关知识很少,参与主体应投入主要精力在品牌内涵的创新上,以及时满足不同群体对协同产品信息和知识的诉求。除此之外,在林产坚果区域品牌协同治理的初期,社会网络关系中主体间的熟悉程度较低,此时该利益相关主体更愿意通过其自身渠道获取相应品牌

资源。而随着时间的推进,社会网络关系逐渐完善,并逐渐成为影响林产坚果区域品牌效应提升的重要结构性因素。

(二)明确农产品区域公用品牌利益相关主体的权利、责任与义务

在农产品区域公用品牌协同治理的过程中,需要明确各利益相关主体在该过程中的权利、义务与责任,这样才能保证农产品区域公用品牌治理主体间的高效协同。通过明确各个利益相关主体在农产品区域公用品牌治理中所扮演的角色,以及主体间的权责关系,进而规范各利益相关主体的品牌协同活动和措施,提供切实可行的规范性依据,进而有效地约束主体过分的利己行为。同时,农产品区域公用品牌各利益相关主体应意识到自身消极应对区域品牌协同治理的行为并不能为其带来更多好处。政府和产业主管部门等主体应逐渐实现权力下放,给予各类农产品市场主体更多的主动权,使其充分地参与到区域品牌建设工作中,提高农产品区域公用品牌效应。

(三)加快构建农产品区域公用品牌协同治理的保障机制

本研究指出的农产品区域公用品牌协同治理的保障机制,是指为保障农产品区域公用品牌协同治理活动的顺利进行,对由各利益相关主体构成的社会网络关系和协同治理进行管理的各项机制的总称,具体包括农产品区域公用品牌协同治理的监督、考核、奖惩以及补偿机制等。研究中,由于林产坚果产业的成熟度相对较低、利益相关主体之间的社会关系复杂以及区域品牌自身特有的公共物品属性,因此,完全市场化的林产坚果区域品牌培育条件还并未成熟。在积极推进农产品区域公用品牌协同治理的过程中,国家各级区域品牌的管理部门应当明确自身区域品牌建设中的责任,并制定相应的考核和监督机制。同时,各利益相关主体需要从动态的视角洞悉农产品区域公用品牌的发展形式,以保证各项组织激励措施可以达到预期的作用。在构建针对农产品区域公用品牌各非公共部门类型的利益相关主体的管理协作机制的同时,要充分考虑到产业内各经营主体的利益诉求,建设相应补偿机制。农产品区域公用品牌协同治理组织除了要明确供应链主体的责任,制定具体的协同治理指标,也应对供应链主体承担的协同成本进行研究,对部分农产品区域公用品牌治理的成本进行合理补偿。对那些积极参与农产品区域公用品牌创建且表现突出的利益相关主体,提供适度优惠的税收政策等。通过上述手段充分调动供应链主体的参与积极性。在农产品区域公用品牌协同治理过程中,同时需要借鉴国内外成熟的区域品牌协同治理方式,约束"搭便车"行为。

(四)建立常态化的农产品区域公用品牌协同治理机制

本研究指出的常态化的农产品区域公用品牌协同治理机制,是指在常态下各农产品区域公用品牌利益相关主体之间,就农产品区域公用品牌的协同治理工作而开展的常规性交流制度,具体包括:对各利益相关主体开展就农产品区域公用品牌培育和保护意识的教育和普及,利用多种形式开展协同组织的机构建设及其管理办法的编制和常规沟通会议等。通过农产品区域公用品牌协同治理活动的常态化,可以保障农产品区域公用品牌利益相关者协同治理组织内部以及成员之间对农产品区域公用品牌协同治理的工作职责、行动要求及沟通机制进行了充分的了解和掌握,以便及时解决农产品区域公用品牌协同治理过程中可能遇到的问题,进而可以在具体的农产品区域公用品牌协同治理过程中避免不必要的无效协同甚至是区域品牌形象损失。同时保障日常农产品区域公用品牌所需的资源投入的有效性,避免常态化的管理流于形式,这样常态化机制才能真正发挥提高农产品区域公用品牌效应的作用。

四、本章小结

本章首先基于协同理论构建了林产坚果区域品牌协同治理的系统动力学模型,对社会网络关系、协同治理和林产坚果区域品牌效应的产生机理进行了演化分析,然后通过山东皇华榛子区域品牌协同治理案例的分析,对前文关于社会网络关系对林产坚果区域品牌效应提升的结论进行现实验证。研究发现,社会网络关系质量提升可以在较长区间内保持较高的林产坚果区域品牌协同治理效应,并综合全书实证结果提出农产品区域公用品牌协同治理对策建议:重视农产品区域公用品牌利益相关者网络化管理;明确农产品区域公用品牌协同治理主体的权责;加快构建农产品区域公用品牌协同治理的激励机制;建立常态化的农产品区域公用品牌协同治理机制。

第八章　研究结论、不足与展望

一、主要研究结论

提升社会网络关系的质量是改善林产坚果区域品牌协同治理水平、提升区域品牌效应的重要方式和途径。形成良好的林产坚果区域品牌形象是开展协同治理的根本目的，但是由于林产坚果种植、加工和经营主体规的规模小、多元性且社会关系复杂等原因，使得林产坚果区域品牌的协同治理过程中利益相关者间的关系具有动态性和不确定性。本研究从林产坚果产业发展实际出发，借鉴社会网络理论、协同理论、利益相关者理论和公共物品理论等，以参与林产坚果区域品牌协同治理的利益相关者作为研究对象，首先对林产坚果区域品牌利益相关者及其构成的社会网络关系进行分析，然后在探索性案例分析和理论分析的基础上，借鉴 S-C-P 范式提出"社会网络关系、协同治理对林产坚果区域品牌效应提升"的概念模型与研究假设，并基于调查问卷和访谈数据，选用因子分析、多元回归和中介效应检验等方法探究社会网络关系对协同治理和林产坚果区域品牌效应提升的影响，揭示林产坚果区域品牌协同治理在社会网络关系与区域品牌效应提升间的中介效应。最后，通过构建林产坚果区域品牌协同治理的系统动力学模型，同时结合嵌入型案例分析，解析了林产坚果区域品牌协同治理效应产生与演化机理，在研究结论的基础上提出林产坚果区域品牌协同治理的完善对策。主要结论包括以下四个方面：

(1)林产坚果区域品牌利益相关者的角色及其构成的社会网络关系具有明显的动态性与开放性特征。林产坚果区域品牌除了具有利益相关者规模小和多元性特征以外，也表现出在区域品牌治理活动中的角色随着利益相关者群体间的熟悉程度和品牌建设任务的变化而发生动态变化，进而导致由利益相关者构成的社会网络关系的紧密程度、关系质量和关系持久性的变化。进一步分析发现，利益相关者构成的社会网络关系在林产坚果区域品牌创建发展过程中表现出自组织特征，在利益相关者间资源交互的基础上该社会网络关系结构是开放且动态变化的，并受到利益相关者间熟悉程度的影响。

(2)林产坚果区域品牌的协同治理活动内容主要包括任务治理与组织治理两个方面，并且随着利益相关者林产坚果区域品牌治理活动的推进，形成了产品创新网络和营销创新网络两个社会网络关系。本研究通过探索性案例研究发现，林产坚果区域品牌协同治理实现路径主要有两条，即以政府为主导的自上而下的协同治理路径和以种植加工企业为代表的市场主体主导下的自下而上的协同治理路径。林产坚果区域品牌协同治理作为嵌入社会网络中的经济行为,受利益相关者之间资源交互与情感交流的双重影响,林产坚果区域品牌利益相关者协同治理的实现并非完全基于正式契约,也包括在互惠互利基础上的关系契约。

(3)由利益相关者构成的产品创新网络关系、营销创新网络关系与协同治理(契约治理和关系治理)和林产坚果区域品牌效应提升具有显著的正相关关系。契约治理与关系治理在"社会网络关系——林产坚果区域品牌效应提升"中都发挥了部分中介的作用。通过对比分析协同治理过程中不同时期的标准化多元回归系数,可以发现产品创新网络关系对契约治理、关系治理和协同效应的影响程度随时间演进而增加。而利益相关者营销创新网络关系对契约治理、关系治理和林产坚果区域品牌效应提升的影响程度随时间演进而降低。

(4)将协同学"熵"的概念引入系统动力学模型解析了林产坚果区域品牌协同治理效应产生与演化机理,同时结合嵌入性案例研究,进一步证明了社会网络关系质量提升可以在较长区间内保持较高的林产坚果区域品牌效应。

基于研究成果提出了社会网络关系视角下林产坚果区域品牌效应提升的治理应该从利益相关者社会网络关系治理和区域品牌任务治理实现两个方面展开,从社会网络关系方面,需要重视引导和鼓励林产坚果区域品牌利益相关者形成高质量的社会网络关系;区域品牌任务方面,需要按区域品牌构成要素的外部特征和内在组合机理开展分类治理。具体农产品区域公用品牌效应提升对策包括:重视农产品区域公用品牌利益相关者的网络化管理;明确农产品区域公用品牌利益相关主体的权利、责任与义务;加快构建农产品区域公用品牌协同治理的激励机制;建立常态化的农产品区域公用品牌协同治理机制。

二、研究贡献

(一)理论贡献

第一,发展和丰富了品牌治理理论。本研究的理论分析框架是在探索性案例分析和理论分析的双分析基础上进行的构建,该方法增强了本研究理论框架的科学性。同时,创新性地将 S-C-P 范式和社会网络理论引入区域品牌的研究,提出"社会网络关系—协同治理—林产坚果区域品牌效应提升"这一全新研究思路。这一研究思路突破了已有研究的局限,在研究思路方面具有创新性。

第二,揭示了社会网络关系对林产坚果区域品牌效应提升作用的运作机理。本书基于社会网络理论、协同治理理论、利益相关者理论和公共物品理论,采用定性分析方法与定量分析方法相结合的方式,探讨了社会网络关系对林产坚果区域品牌效应提升作用的运作机理,为后续相关性研究提供了研究视角或理论支撑。

第三,社会网络关系视角下协同治理对林产坚果区域品牌效应提升研究依赖于管理学、协同学、系统科学和组织行为学等多学科的交叉。本研究对社会网络关系视角下协同治理对林产坚果区域品牌效应提升的内在机理进行了分析。社会网络关系和S-C-P范式的引入不但完善了区域品牌协同治理的理论体系,还丰富了区域品牌效应研究领域的内容。同时,本书的研究成果也有望拓展社会网络理论和S-C-P范式在区域品牌治理领域的延伸。

(二)实践贡献

第一,本书中对于"社会网络关系—协同治理—林产坚果区域品牌效应提升"模型相关的若干关键性问题的提出都是基于林产坚果区域品牌协同治理活动的实际问题。这些问题的分析过程可以基本反映林产坚果区域品牌协同治理的现实情况,因此,本研究对于提高林产坚果区域品牌协同治理水平和提升林产坚果区域品牌效应都具有重要的意义,也为特色经济林区域品牌协同治理制定科学的区域品牌培育对策产生指导作用。

第二,本书提出的在林产坚果区域品牌协同治理活动中,对利益相关主体及其构成的社会网络关系开展分类治理的建议,为从微观网络关系视角研究区域品牌协同治理相关问题提供了新的研究视角和理论支撑。

三、研究不足与展望

通过引导利益相关者间的协同合作手段开展区域品牌治理工作已经日益引起重视,但目前尚未有人对其开展深入的研究,并未形成"社会网络关系"与"区域品牌效应提升"之间的较为统一的理论分析框架。虽然,本研究已经完成了预期目标,研究结论对于丰富林产坚果区域品牌协同治理领域相关研究具有一定的贡献,但受限于主客观条件,本研究仍存在一些不足之处,需要后续进一步研究与完善。

(1)在案例林产坚果区域品牌及样本数量上,本研究基于数据真实性和可获取性原则,本书用于探索性案例分析的7个案例中林产坚果区域品牌和调查问卷的收集都是在中国林业产业联合会品牌建设分会的帮助下,从其会员单位及合作伙伴中进行选取,因此本研究具有一定的代表性。但由于我国林产坚果种类丰富,不同类型的林产坚果的产地自然条件和社会条件均存在一定的差异性,且由于数据的可获得性,本研究仅选取了核桃、山核桃、榛子、杏仁和板栗5种主要林产坚果,因此在后续研究中可尝试扩展林产坚果品种和研究区域,例如增加香榧、开心果和美国大杏仁等种植规模小但市场价格较高的林产坚果区域品牌建设的研究。

(2)运用纵向数据探索林产坚果区域品牌利益相关者间网络关系对协同治理内容及模式的共演路径。受数据可获得性、研究框架和研究假设的限制,仅关注了"社会网络关系和协同治理"间的关系。事实上,除社会网络关系要素外,还存在多种外部要素对林产坚果区域品牌产生影响。因此,未来的研究可尝试构建社会网络关系、关键利益相关者作用、外部环境和区域品牌协同治理之间的共同演化模型开展更加综合的研究。

(3)本书重点分析的是林产坚果区域品牌利益相关者构成的社会网络关系对协同治理和林产坚果区域品牌效应提升的作用机理,以及在协同治理的不同阶段的变化情况。研究发现,在相同时期内,产品创新网络关系、营销创新网络关系对林产坚果区域品牌协同治理的作用也会呈现出一定的差异性,因此,未来有必要开展不同时期林产坚果区域品牌协同治理作用的对比研究。

(4)本书重点从整体上讨论"社会网络关系—关系治理—林产坚果区域品牌效应提升"这一理论模型,因此,将利益相关者属性、规模和成立时间等因素设置为了控制变量,未来可以将部分要素设置为控制变量,分析不同林产坚果区域品牌利益相关者的作用。

参 考 文 献

[1] 边燕杰.社会资本研究[J].学习与探索,2006(2):39-40,269.

[2] 蔡彬清,陈国宏.链式产业集群网络关系、组织学习与创新绩效研究[J].研究与发展管理,2013,25(4):126-133.

[3] 蔡起华,朱玉春.关系网络对农户参与村庄集体行动的影响——以农户参与小型农田水利建设投资为例[J].南京农业大学学报(社会科学版),2017,17(1):108-118,147-148.

[4] 陈东北.基于产业集群的区域品牌发展要素与路径研究[D].兰州:兰州大学,2010.

[5] 陈慧,杨宁.社会网络视角下在线品牌社群价值共创机制研究——顾客契合的中介作用[J].中国流通经济,2019,33(9):103-113.

[6] 陈林.“双循环”新发展格局下产业升级的关键[J].人民论坛,2021(2):38-40.

[7] 陈晓萍,徐淑英,樊景立.组织与管理研究的实证方法[M].2版.北京:北京大学出版社,2012:273-278.

[8] 陈学光.网络能力、创新网络及创新绩效关系研究——以浙江高新技术产业为例[D].杭州:浙江大学,2007.

[9] 代璨,梁昌勇,朱龙.不同类型行业协会承接政府职能转移的差异[J].经济与管理研究,2017,38(12):98-108.

[10] 邓娇娇,严玲,吴绍艳.中国情境下公共项目关系治理的研究:内涵、结构与量表[J].管理评论,2015,27(8):213-222.

[11] 邓荣霖.市场经济条件下的行业组织职能[J].中国工业经济,1999(5):31-34.

[12] 杜建刚,孟朝月,刘宇萌.产业集群生态圈对集群品牌价值的影响研究——基于74个茶叶集群的经验数据[J].软科学,2021,35(3):29-34,48.

[13] 范春梅,叶登楠,李华强.产品伤害危机中消费者应对行为的形成机制研究——基于PADM理论视角的扎根分析[J].管理评论,2019,31(8):230-239.

[14] 傅春燕.工程建设项目中业主对承包方的激励契约研究[J].软科学,2009,23(7):51-53.

[15] 高磊,王旭,王铁龙,等.中国农业上市企业关系网络样态实证研究——基于A股农业上市企业数据[J].林业经济,2020,42(8):86-96.

[16]　高孟立.合作创新中机会主义行为的相互性及治理机制研究[J].科学学研究,2017,35(9):1422-1433.

[17]　高思芃.企业联盟能力、标准联盟网络与技术创新绩效关系研究[D].长春:吉林大学,2020.

[18]　耿献辉,薛洲,潘超,等.品牌资产对家庭农场经营绩效的影响——基于江苏省的实证研究[J].农业现代化研究,2020,41(3):435-442.

[19]　郭爱云.基于互联网的经济林产品品牌价值提升问题研究[D].北京:北京林业大学,2018.

[20]　郭利京,仇焕广.合作社再联合如何改变农业产业链契约治理[J].农业技术经济,2020(10):103-114.

[21]　郭美晨.中国品牌发展的区域差异及动态演进[J].数量经济技术经济研究,2020,37(4):165-180.

[22]　郭先登.论"双循环"的区域经济发展新格局——兼论"十四五"及后两个规划期接续运行指向[J].经济与管理评论,2021,37(1):23-37.

[23]　郭忠强.基于产业集群的区域品牌发展战略研究[D].长春:吉林大学,2012.

[24]　何吉多,朱清海,李雪.基于产业集群的农产品区域品牌生成机理研究[J].乡镇经济,2009,25(1):103-107.

[25]　侯琦,魏子扬.合作治理——中国社会管理的发展方向[J].中共中央党校学报,2012,16(1):27-30.

[26]　黄波,陈晖,黄伟.引导基金模式下协同创新利益分配机制研究[J].中国管理科学,2015,23(3):66-75.

[27]　黄蕾.区域产业集群品牌:我国农产品品牌建设的新视角[J].江西社会科学,2009(9):105-109.

[28]　姬志恒,王兴元."中国地理标志"品牌治理模式的多案例研究[J].现代经济探讨,2013(12):87-90.

[29]　贾旭东,谭新辉.经典扎根理论及其精神对中国管理研究的现实价值[J].管理学报,2010,7(5):656-665.

[30]　江志鹏,樊霞,朱桂龙,等.技术势差对企业技术能力影响的长短期效应——基于企业产学研联合专利的实证研究[J].科学学研究,2018,36(1):131-139.

[31]　蒋廉雄,朱辉煌,卢泰宏.区域竞争的新战略:基于协同的区域品牌资产构建[J].中国软科学,2005(11):107-116.

[32]　蒋扬名.但得群雁展翅飞——关于保护和发展浙江省集群品牌的思考

[J].中国品牌与防伪,2006(6):61-63.

[33] 冷志明.专业化产业区区域产业品牌发展研究[J].商业研究,2009(1):5-7.

[34] 李勃,王丛迪,和征.绿色产品协同创新中契约形式对供应商创新性的影响——供应商绿色创新资源优先配置的中介及产品复杂性与技术新颖性的调节[J].科技进步与对策,2021,38(19):100-109.

[35] 李博伟,邢丽荣,徐翔.农业服务业与农业生产区域专业化的协同效应研究[J].中国农业资源与区划,2018,39(12):129-137.

[36] 李朝柱,石道金,文洪星.关系网络对土地流转行为及租金的影响——基于强、弱关系网络视角的分析[J].农业技术经济,2020(7):106-116.

[37] 李大垒,仲伟周.农业供给侧改革、区域品牌建设与农产品质量提升[J].理论月刊,2017(4):132-136.

[38] 李道和,叶丽红,陈江华.政府行为、内外部环境与农产品区域公用品牌整合绩效——以江西省为例[J].农业技术经济,2020(8):130-142.

[39] 李东升.全球价值链下农业产业集群功能升级分析[J].国际经济合作,2008(9):20-23.

[40] 李金华,孙东川,谢卓君.创新网络的结构与行为研究框架[J].科技进步与对策,2005(8):8-11.

[41] 李军,阚双,郭伏.产业集群品牌建设策略研究[J].冶金经济与管理,2015(2):53-56.

[42] 李琳森,张旭锐.基于供给侧改革的森林生态标志产品研究[J].林业经济问题,2018,38(1):15-20,101.

[43] 李明贤,周蓉.社会信任、关系网络与合作社社员资金互助行为——基于一个典型案例研究[J].农业经济问题,2018(5):103-113.

[44] 李其玮,顾新,赵长轶.产业创新生态系统知识优势影响因素:理论框架与实证研究[J].经济问题探索,2017(9):163-174.

[45] 李泉.治理理论的谱系与转型中国[J].复旦学报(社会科学版),2012(6):130-137.

[46] 李天舒."结构—行为—绩效"范式的理论演进与现实应用[J].改革与战略,2008(7):109-111.

[47] 林阿禄,颜颖.茶叶产业集群的区域品牌协同研究——以福安"坦洋工夫"茶叶品牌为例[J].质量技术监督研究,2011(5):4.

[48] 蔺全录,范增民.产业集群品牌述评[J].生产力研究,2011(1):212-214.

[49] 刘冰,魏鑫,蔡地,等.基于扎根理论的外派项目经理跨文化领导力结构维度研究[J].中国软科学,2020(4):109-122.

[50] 刘华军.地理标志的空间分布特征与品牌溢出效应——基于中国三部门地理标志数据的实证研究[J].财经研究,2011,37(10):48-57.

[51] 刘建华,苏敬勤,姜照华.基于网络结构-要素行为-创新绩效视角的国家创新体系国际化水平评价[J].管理学报,2015,12(3):410-416.

[52] 刘景卿,于佳雯,车维汉.FDI流动与全球价值链分工变化——基于社会网络分析的视角[J].财经研究,2019,45(3):100-113.

[53] 刘军.社会网络分析导论[M].北京:社会科学文献出版社,2004.

[54] 刘丽.基于地理标志的农产品区域品牌建设与推广研究——以辽宁西北地区为例[J].农业经济,2016(7):136-138.

[55] 刘林青,梅诗晔.管理学中的关系研究:基于SSCI数据库的文献综述[J].管理学报,2016,13(4):613-623.

[56] 刘芹,陈继祥.企业集群品牌风险的博弈分析[J].当代财经,2004(9):69-72.

[57] 刘文超,孙丽辉,高倩倩.基于消费者视阈的区域品牌形象量表开发与检验[J].软科学,2021(4):125-130.

[58] 刘文超,孙丽辉,辛欣.区域品牌化理论研究:国外文献述评[J].税务与经济,2018(5):54-62.

[59] 刘文霞,王永贵,赵宏文.合作治理机制对服务外包供应商创新能力的影响机理研究——基于在华服务外包企业的实证分析[J].北京工商大学学报(社会科学版),2014,29(3):65-72,97.

[60] 刘洋.农产品区域公用品牌建设中的政府作用研究[D].济南:山东大学,2020.

[61] 刘元兵,刘春晖.农业区域品牌经济体的共生理论解读及形成对策探析[J].广东农业科学,2012,39(5):198-200.

[62] 刘元兵,刘春晖.品牌内涵认知特征差异与品牌延伸模式契合探讨[J].商业时代,2011(35):34-35.

[63] 刘振雷,朱煜康,楼乔明,等.18种市售坚果脂肪酸组成的比较分析及营养评价[J].中国粮油学报,2021,36(4):90-95.

[64] 楼晓东.农产品区域公用品牌风险评估方法探讨——基于质量安全视角[J].社会科学家,2014(3):73-76.

[65] 卢强,杨晓叶.基于"结构—行为—绩效"逻辑的供应链融资效果研究——双元学习的中介作用[J].研究与发展管理,2020,32(5):3-15.

[66] 陆国庆.区位品牌:农产品品牌经营的新思路[J].中国农村经济,2002(5):59-62.

[67] 罗家德,曾丰又.基于复杂系统视角的组织研究[J].外国经济与管理,2019,41(12):112-134.

[68] 罗家德.社会网络分析讲义[M].北京:社会科学文献出版社,2020.

[69] 吕艳玲,王兴元.品牌竞争力形成的动态机理模型及其提升对策[J].经济问题探索,2012(8):81-85.

[70] 马超,倪自银.基于系统角度的区域品牌建设理论研究[J].科技与管理,2011,13(3):67-70.

[71] 马庆国.管理统计:数据获取、统计原理、SPSS 工具与应用研究[M].北京:科学出版社,2002.

[72] 毛超,谢芳芸,刘贵文.建筑工业化生态系统发展与演化研究——基于仿生学 Lotka-Volterra 模型[J].建筑经济,2017,38(5):91-98.

[73] 孟祥丰.基于利益相关者理论的田园综合体协调机制研究——以无锡阳山田园东方为例[J].中国农业资源与区划,2020,41(5):294-300.

[74] 宁攸凉,沈伟航,宋超,等.林业产业高质量发展推进策略研究[J].农业经济问题,2021(2):117-122.

[75] 潘松挺.网络关系强度与技术创新模式的耦合及其协同演化[D].杭州:浙江大学,2009.

[76] 裴长洪,彭磊.中国开放型经济治理体系的建立与完善[J].改革,2021(4):1-14.

[77] 钱晓燕,朱立冬.品牌原产地对消费者品牌认知价值的影响[J].财经理论研究,2014(1):85-91.

[78] 任旭.基于社会交易理论的企业战略联盟演变机理研究[D].北京:北京交通大学,2008.

[79] 邵建平,任华亮.区域品牌形成机理及效用传导对西北地区区域品牌培育的启示[J].科技管理研究,2008(3):133-134,144.

[80] 沈丽,刘媛,李文君.中国地方金融风险空间关联网络及区域传染效应:2009—2016[J].管理评论,2019,31(8):35-48.

[81] 沈鹏熠.农产品区域品牌的形成过程及其运行机制[J].农业现代化研究,2011,32(5):588-591.

[82] 宋琦媛,耿玉德.品牌化建设对林业绿色食品加工企业营销绩效的影响[J].东北林业大学学报,2021,49(2):83-88.

[83] 宋维明,杨超.1949 年以来林业产业结构、空间布局及其演变机制[J].

林业经济,2020,42(6):3-17.

[84] 孙丽辉,盛亚军,许天舒.区域品牌形成中的簇群效应——以温州为例的研究[J].经济管理,2010,32(12):96-103.

[85] 孙天阳,成丽红.中国协同创新网络的结构特征及格局演化研究[J].科学学研究,2019,37(8):1498-1505.

[86] 孙卫华.网络SNS:一种社会资本理论的分析视角[J].当代传播,2013(4):21-24.

[87] 邵景波,许万有,张君慧.社会网络视角下品牌延伸对母品牌顾客资产驱动要素的影响研究——基于多重因素的调节作用[J].中国软科学,2017(11):131-141.

[88] 唐清,章聿玺,曹珺,等.油性坚果的定义与开发[J].粮食与油脂,2015,28(9):10-13.

[89] 唐松.区域产业品牌效应、外部性与产业集聚的实证研究——基于中国省域空间模型的分析[J].经济管理,2015,37(8):35-44.

[90] 田圣炳.原产地形象作用机制:一个动态的综合模型[J].经济管理,2006(1):44-47.

[91] 万俊毅,秦佳.社会资本的内涵、测量、功能及应用[J].商业研究,2011(4):8-13.

[92] 汪希成.基于SWOT模型的特色农产品品牌创建问题分析——以新疆维吾尔自治区为例[J].农村经济,2006(8):85-88.

[93] 汪小帆,李翔,陈关荣.复杂网络理论及其应用[M].北京:清华大学出版社,2006.

[94] 王炳成,闫晓飞,张士强,等.商业模式创新过程构建与机理:基于扎根理论的研究[J].管理评论,2020,32(6):127-137.

[95] 王朝辉,陈洁光,黄霆,等.企业创建自主品牌关键影响因素动态演化的实地研究——基于广州12家企业个案现场访谈数据的质性分析[J].管理世界,2013(6):111-127.

[96] 王德起,何晶彦,吴侔.京津冀区域创新生态系统:运行机理及效果评价[J].科技进步与对策,2020,37(10):53-61.

[97] 王光远.产业集群品牌建设策略研究[D].济南:山东大学,2009.

[98] 王红彩.我国产业集群品牌发展战略研究[J].统计与管理,2011(3):57-58.

[99] 王会龙.集群营销视角下产业集群品牌建设研究[J].中外企业家,2011(12):55-56.

[100] 王璐,高鹏.扎根理论及其在管理学研究中的应用问题探讨[J].外国经济与管理,2010,32(12):10-18.

[101] 王启万,朱虹,王兴元.品牌生态系统框架下区域品牌驱动机制研究[J].经济与管理研究,2015,36(1):132-138.

[102] 王玮,徐梦熙.移动互联网背景下整合使用概念、维度及其对任务绩效的影响机制——基于扎根理论的探索性研究[J].南开管理评论,2020,23(5):16-27.

[103] 王宪云.基于知识管理的产业集群品牌提升策略探讨[J].商业时代,2009(9):91-92.

[104] 王兴元,张鹏.公共品牌创建与治理研究:意义、现状及趋势[J].山东社会科学,2012(11):146-149.

[105] 王兴元,朱强.原产地品牌塑造及治理博弈模型分析——公共品牌效应视角[J].经济管理,2017,39(8):133-145.

[106] 王兴元.品牌生态学产生的背景与研究框架[J].科技进步与对策,2004(7):121-124.

[107] 王彦勇,徐向艺.国外品牌治理研究述评与展望[J].外国经济与管理,2013,35(1):29-36.

[108] 王展昭,唐朝阳.区域创新生态系统耗散结构研究[J].科学学研究,2021,39(1):170-179.

[109] 魏江,徐蕾.知识网络双重嵌入、知识整合与集群企业创新能力[J].管理科学学报,2014,17(2):34-47.

[110] 魏江,张妍,龚丽敏.基于战略导向的企业产品创新绩效研究——研发网络的视角[J].科学学研究,2014,32(10):1593-1600.

[111] 翁胜斌,李勇.农产品区域品牌生态系统的成长性研究[J].农业技术经济,2016(2):113-119.

[112] 吴坚,符国群.品牌来源国和产品制造国对消费者购买行为的影响[J].管理学报,2007(5):593-601.

[113] 吴菊安.产业集群与农产品区域品牌建设[J].农村经济,2009(5):39-41.

[114] 吴明隆.问卷统计分析实务[M].重庆:重庆大学出版社,2010.

[115] 吴水龙,胡左浩,黄尤华.区域品牌的创建:模式与路径[J].中国软科学,2010(S2):193-200.

[116] 吴水龙,刘长琳,卢泰宏.品牌体验对品牌忠诚的影响:品牌社区的中介作用[J].商业经济与管理,2009(7):80-90.

[117]　吴喜雁.区域产业品牌与产业集群演变动态研究[J].华东经济管理,2011,25(10):70-73.

[118]　夏俊,吕廷杰.网络竞争:结构-行为-绩效[J].中国地质大学学报(社会科学版),2006(5):38-42.

[119]　肖淑兰,洪艳.实施区域品牌战略的湖南农业产业集群研究[J].湖南农业科学,2008(2):125-128.

[120]　肖阳,谢远勇.产业集群视角下的区域品牌培育模式分析[J].福州大学学报(哲学社会科学版),2010,24(6):26-30.

[121]　谢科范,陈刚,郭伟.创业团队结构-行为-绩效模型[J].武汉理工大学学报(社会科学版),2012,25(2):265-271.

[122]　谢旭光,张在旭.基于协同学的组织核心竞争力序参量转化模型研究[J].系统科学学报,2013(1):69-72.

[123]　谢煜,胡非凡.基于Mitchell三分类评分法的林业企业关键利益相关者识别研究[J].生态经济,2016,32(12):120-125.

[124]　辛枫冬.网络关系对知识型服务业服务创新能力的影响研究[D].天津:天津大学,2011.

[125]　新型农业经营主体与小农户协同发展:现实价值与模式创新[J].当代经济管理,2020,42(9):32-38.

[126]　熊爱华,汪波.基于产业集群的区域品牌形成研究[J].山东大学学报(哲学社会科学版),2007(2):84-89.

[127]　熊爱华,邢夏子.区域品牌发展对资源禀赋的敏感性研究[J].中国人口·资源与环境,2017,27(4):167-176.

[128]　徐娟,邢云锋,鄢九红.多元互动对农户参与农产品区域品牌共建意愿的影响:心理契约的中介效应[J].农林经济管理学报,2021,20(1):42-50.

[129]　徐明.乡村振兴战略背景下吉林省农产品区域品牌培育路径[J].税务与经济,2019(6):106-110.

[130]　许晖,单宇.新兴经济体跨国企业子公司网络嵌入演化机理研究[J].管理学报,2018,15(11):1591-1600.

[131]　许晖,薛子超,邓伟升.区域品牌生态系统视域下的品牌赋权机理研究——以武夷岩茶为例[J].管理学报,2019,16(8):1204-1216.

[132]　薛桂芝.论我国农产品区域品牌的创建[J].农业现代化研究,2010,31(6):688-691.

[133]　薛国琴,秦建伟,柯莹莹.香榧中国特色农产品优势区农民收入结构演化与特征[J].农业经济,2019(12):45-47.

[134] 严玲,邓新位,邓娇娇.基于关键项目治理因子的代建人激励实证研究:以项目控制权为调节变量[J].土木工程学报,2014,47(6):126-137.

[135] 姚春玲.农业产业集群与农产品区域品牌竞争力提升策略[J].农业现代化研究,2013,34(3):318-321,327.

[136] 杨大蓉.乡村振兴战略视野下苏州区域公共品牌重构策略研究——以苏州为例[J].中国农业资源与区划,2019,40(3):198-204.

[137] 杨玲,帅传敏.工程项目中企业间信任维度分析[J].建筑经济,2011(11):70-75.

[138] 杨文剑.农特产品品牌形象建构的设计探索[J].浙江农林大学学报,2011,28(5):789-793.

[139] 杨肖丽,薄乐,牟恩东.农产品区域公共品牌培育:运行机制与实现路径[J].农业经济,2020(1):125-127.

[140] 杨旭,李竣.县级政府、供应链管理与农产品上行关系研究[J].华中农业大学学报(社会科学版),2018(3):81-89.

[141] 杨亚东,罗其友,伦闰琪,等.乡村优势特色产业发展动力机制研究——基于系统分析的视角[J].农业经济问题,2020(12):61-73.

[142] 姚春玲.内蒙古农产品区域品牌竞争力提升研究[D].哈尔滨:东北林业大学,2015.

[143] 伊红德.推进经济林产业品牌化发展的实践与思考——以宁夏吴忠市为例[J].林业经济,2018,40(3):42-45.

[144] 易正兰.新疆特色林果产品供应链整合构建研究[D].乌鲁木齐:新疆农业大学,2009.

[145] 阴芳子.区域品牌建设的影响因素研究[D].合肥:安徽大学,2012.

[146] 应洪斌.产业集群中关系嵌入性对企业创新绩效的影响机制研究[D].杭州:浙江大学,2011.

[147] 尤振来,倪颖.区域品牌与企业品牌互动模式研究——以轮轴型产业集群为背景[J].科技管理研究,2013,33(10):79-83.

[148] 于飞,胡泽民,董亮.关系治理与集群企业知识共享关系——集群创新网络的中介作用[J].科技管理研究,2018,38(23):150-160.

[149] 于丽英,蒋宗彩.城市群公共危机协同治理机制研究[J].系统科学学报,2014,22(4):53-56.

[150] 俞燕,李艳军.传统特色农业集群区域品牌对中小企业品牌竞争力的影响研究——基于吐鲁番葡萄集群的实证分析[J].农业现代化研究,2015,36(5):842-849.

[151]　俞燕,李艳军.区域品牌创新驱动的传统农业集群价值链功能升级策略[J].统计与决策,2014(18):65-67.

[152]　俞燕.新疆特色农产品区域品牌:形成机理、效应及提升对策研究[D].武汉:华中农业大学,2015.

[153]　喻登科,周荣,涂国平.嵌入社会心理的知识网络结构、行为与绩效关系仿真[J].科技进步与对策,2016,33(1):132-141.

[154]　袁健红,施建军.技术联盟中的冲突、沟通与学习[J].东南大学学报(哲学社会科学版),2004(4):56-61.

[155]　袁宇,吴传清.产业集群品牌"公地悲剧"风险成因和规避方略——以"金华火腿"为例[J].学习月刊,2009(22):15-16.

[156]　邹宜斌.社会资本:理论与实证研究文献综述[J].经济评论,2005(6):121-126.

[157]　詹淼华."一带一路"沿线国家农产品贸易的竞争性与互补性——基于社会网络分析方法[J].农业经济问题,2018(2):103-114.

[158]　张成,唐方成.创客组织的组织协同机制及仿真研究[J].管理学报,2020,17(7):1033-1042.

[159]　张春明.略论产业集群区域品牌之关联方的协同效应[J].现代财经,2008(10):29-33.

[160]　张国亭.产业集群品牌内涵、类型与效应探讨[J].中国石油大学学报(社会科学版),2008,24(6):27-30.

[161]　张宁,才国伟.国有资本投资运营公司双向治理路径研究——基于沪深两地治理实践的探索性扎根理论分析[J].管理世界,2021,37(1):108-127.

[162]　张涛,王宗水,赵红.基于社会网络分析的新疆农产品品牌价值网络主体识别研究[J].科技促进发展,2017,13(5):341-348.

[163]　张贤明,田玉麒.论协同治理的内涵、价值及发展趋向[J].湖北社会科学,2016(1):30-37.

[164]　张晓梅,董姝琪.森林食品产业减贫的作用机理及效应分析[J].林业经济问题,2019,39(3):256-261.

[165]　张燚,张锐,刘进平.品牌生态理论与管理方法研究[M].北京:中国经济出版社,2013.

[166]　张永云.基于网络的客户协同产品创新知识分享机理研究[D].北京:北京邮电大学,2017.

[167]　张月莉,王再文.农业集群品牌经营主体价值共创行为产生机理——美国"新奇士"品牌的探索性研究[J].经济问题,2018(5):40-45.

[168] 张月义,虞岚婷,茅婷,等."标准＋认证"视角下制造业区域品牌建设企业参与意愿及决策行为研究[J].管理学报,2020,17(2):290-297.

[169] 张忠寿,高鹏.科技金融生态系统协同创新及利益分配机制研究[J].宏观经济研究,2019(9):47-57,66.

[170] 章胜勇,李崇光.运用地理标志提升农产品市场竞争力[J].农业经济,2007(9):80-81.

[171] 赵昌平,葛卫华.战略联盟中的机会主义及其防御策略[J].科学学与科学技术管理,2003(10):114-117.

[172] 赵卫宏,孙茹.驱动企业参与区域品牌——资源与制度视角[J].管理评论,2018,30(12):154-163.

[173] 赵卫宏,孙茹.制度环境、企业间关系治理与区域品牌化绩效——基于中国第一批生态经济示范区的实证研究[J].宏观经济研究,2017(10):127-136,191.

[174] 赵卫宏,张会龙,苏晨汀.生态区域品牌资产的评估及管理策略——基于中国第一批生态经济示范区的样本[J].经济管理,2015,37(12):79-90.

[175] 郑巧,肖文涛.协同治理:服务型政府的治道逻辑[J].中国行政管理,2008(7):48-53.

[176] 郑秋锦,许安心,田建春.农产品区域品牌的内涵及建设意义[J].产业与科技论坛,2008(2):88-89.

[177] 郑胜华,池仁勇.核心企业合作能力、创新网络与产业协同演化机理研究[J].科研管理,2017,38(6):28-42.

[178] 郑永彪,罗晗旖,唐大立."中国钧瓷之都"区域品牌建设机制与路径研究[J].北京工商大学学报(社会科学版),2010,25(4):84-87.

[179] 钟艳.农业品牌经营与管理研究——兼评《品牌农业的力量——大农业时代商业模式创新与跨界营销案例》[J].农业经济问题,2018(7):141-142.

[180] 周发明.新型农产品营销体系构建的几个核心问题[J].湖南农业大学学报(社会科学版),2007(6):24-28.

[181] 周军杰.虚拟社区内不同群体的知识贡献行为:一项对比研究[J].管理评论,2015,27(2):55-66,110.

[182] 周凌云.区域物流多主体系统的演化与协同发展研究[D].北京:北京交通大学,2012.

[183] 周小梅,范鸿飞.区域声誉可激励农产品质量安全水平提升吗?——基于浙江省丽水区域品牌案例的研究[J].农业经济问题,2017,38(4):85-92,112.

[184] 朱平芳.现代计量经济学[M].上海:上海财经大学出版社,2004.

[185] 朱思文.浅析农业区域品牌培育策略[J].农场经济管理,2008(2):63-66.

[186] Ahuja G. Collaboration Networks,Structural Holes,and Innovation:A Longitudinal Study[J]. Academy of Management Annual Meeting Proceedings,1998(1):D1-D7.

[187] Akgül B K,Ozorhon B,Dikmen I,et al. Social Network Analysis of Construction Companies Operating in International Markets:Case of Turkish Contractors[J]. Journal of Civil Engineering and Management,2017,23(3):327-337.

[188] Anderson E W,Sullivan M W. The Antecedents and Consequences of Customer Satisfaction for Firms[J]. Marketing Science,1993,12(2):125-143.

[189] Andersson U,Forsgren M,Holm U. The Strategic Impact of External Networks:Subsidiary Performance and Competence Development in the Multinational Corporation[J]. Strategic Management Journal,2002,23(11):979-996.

[190] Anholt S. Nation Branding:A continuing theme[J]. Journal of Brand Management,2002,10(1):59-60.

[191] Ansell C,Gash A. Collaborative Governance in Theory and Practice [J]. Journal of Public Administration Research and Theory,2007,18(4):543-571.

[192] Ansoff H I,Kipley D,Lewis A O,et al. Implanting Strategic Management[M]. Upper Saddle River:Prentice Hall,2019.

[193] Arranz N,de Arroyabe J C F. Effect of Formal Contracts,Relational Norms and Trust on Performance of Joint Research and Development Projects [J]. British Journal of Management,2012,23(4):575-588.

[194] Baron R M ,Kenny D A. The Moderator-mediator Variable Distinction in Social Psychological Research:Conceptual,Strategic,and Statistical Considerations[J]. Journal of Personality and Social Psychology, 1986, 51 (6):1173-1186.

[195] Batra R,Ramaswamy V,Alden D L,et al. Effects of Brand Local/Non-Local Origin on Consumer Attitudes in Developing Countries[J]. Journal of Consumer Psychology,2000,9(2):83-95.

[196] Bettis R A. Performance Differences in Related and Unrelated Diversified Firms[J],Strategic Mangement Journal,1981,2(4):379-393.

[197] Borgatti S P,Everett M G,Freeman L C. UCINET for Windows:Software for Social Network Analysis [M]. Harvard, MA: Analytic

Technologies,2002.

[198] Bourdieu P. The Social Space and the Genesis of Groups[J]. Theory and Society,1985,14(6):723-744.

[199] Bradley R,Agle R K,Mitchell J. Who Matters to CEOs? An Investigation of Stakeholder Attributes and Salience,Corporate Performance,and CEO Values[J]. Academy of Management Journal,1999,42(5):507-525.

[200] Bruni A,Teli M. Reassembling the Social—An Introduction to Actor Network Theory[J]. Management Learning,2007,38(1):121-132.

[201] Burt R S. The Network Structure of Social Capital[M]. Greenwich: JAI Press,2000.

[202] Burt R S. Structural Holes: The Social Structure of Competition [M]. Cambridge: Harvarcl University Press,1992.

[203] Butts C T. Social Network Analysis: A Methodological Introduction [J]. Asian Journal of Social Psychology,2008,11(1):13-41.

[204] Cai L. Cooperative Branding for Rural Destinations[J]. Annals of Tourism Research,2002,29(3):720-742.

[205] Chang C,Hsu M,Lee Y. Factors Influencing Knowledge-Sharing Behavior in Virtual Communities: A Longitudinal Investigation[J]. Information Systems Management,2015,32(3/4):331-340.

[206] Chen W T,Chen T T,Lin Y P,et al. Using Factor Analysis to Assess Route Construction Priority for Common Duct Network in Taiwan[J]. Journal of Marine Science and Technology,2008,16(2):77-89.

[207] Chinowsky P,Diekmann J E,Galotti V. Social Network Model of Construction[J]. Journal of Construction Engineering and Management,2008,134 (10):804-812.

[208] Chinyio E,Olomolaiye P,Al-Khafaji A W. Construction Stakeholder Management[M]. Hoboken:John Wiley & Sons,2010.

[209] Claro D,Hagelaar G J L F,Omta O. The Determinants of Relational Governance and Performance: How to Manage Business Relationships? [J]. Industrial Marketing Management,2003,32(8):703-716.

[210] Cleland D I. Project Stakeholder Management[J]. Project Management Journal,1986,17(4):36-44.

[211] Coleman J S. Foundations of Social Theory[M]. Cambridge: The Belknap Press of Harvard University Press,1990.

[212]　Corbin J,Strauss A. Grounded Theory Research:Procedures,Canons and Evaluative Criteria[J]. Zeitschrift für Soziologie,1990,19(6)418-427.

[213]　Coyle R G. System Dynamics Modelling:A Practical Approach[J]. Journal of the Operational Research Society,1997,48(5):544.

[214]　Dacin T,Beal B D,Ventresca M. The Embeddedness of Organizations:Dialogue & Directions[J]. Journal of Management,1999,25(3):317-356.

[215]　Dekker H C. Control of Inter-organizational Relationships:Evidence on Appropriation Concerns and Coordination Requirements[J]. Accounting, Organizations and Society,2004,29(1):27-49.

[216]　Dong W,Ma Z,Zhou X. Relational Governance in Supplier-buyer Relationships:The Mediating Effects of Boundary Spanners' Interpersonal Guanxi in China's B2B Market[J]. Journal of Business Research,2017,78:332-340.

[217]　Douglas G. The Declining Significance of Guanxi in China's Economic Transition[J]. China Quarterly,1998,154:254-282.

[218]　Eecke W V. Public Goods:An Ideal Concept[J]. The Journal of Socio-Economics,1999,28(2):139-156.

[219]　Eisenhardt K M. Building Theories from Case Study Research[J]. Academy of Management Review,1989,14(4):532-550.

[220]　Eshuis J,Braun E,Klijn E H,et al. The Differential Effect of Various Stakeholder Groups in Place Marketing[J]. Environment and Planning C:Politics and Space,2018,36(5). 916-936.

[221]　Fabrizio K R,Thomas L G. The Impact of Local Demand on Innovation in a Global Industry[J]. Strategic Management Journal,2012,33(1):42-64.

[222]　Forrester J W. Industrial Dynamics[J]. Journal of the Operational Research Society,1997,48(10):1037-1041.

[223]　Frank K A,Yasumoto J Y. Linking Action to Social Structure within a System:Social Capital within and between Subgroups [J]. American Journal of Sociology,1998,104(3):642-686.

[224]　Freeman L C. Centrality in Social Networks :Conceptual Clarification[J]. Social Network,1979,1(3):215-239.

[225]　Freeman R E. Strategic Management:A Stakeholder Approach[M]. Cambridge:Cambridge University Press,2010.

[226]　Gajda R. Utilizing Collaboration Theory to Evaluate Strategic Alliances[J]. American Journal of Evaluation,2004,25(1):65-77.

[227]　Geng X Q,Wen Y Q,Zhou C H,et al. Establishment of the Sustainable Ecosystem for the Regional Shipping Industry Based on System Dynamics [J]. Sustainability,2017,9(5):742.

[228]　Glaser B G,Strauss A L. The Discovery of Grounded Theory:Strategies for Qualitative Research[J]. Nursing Research,1967,3(2).

[229]　Granovetter M S. Economic Action and Social Structure:The Problem of Embeddedness[J]. American Journal of Sociology,1985,91(3):481-510.

[230]　Granovetter M S. The Strength of Weak Ties'[J]. American Journal of Sociology,1973,78(6):1360-1380.

[231]　Grant R M. Toward A Knowledge-Based Theory of the Firm[J]. Strategic Management Journal,1996,17(S2):109-122.

[232]　Gulati R. Social Structure and Alliance Formation Patterns:A Longitudinal Analysis[J]. Administrative Science Quarterly,1995,40(4):619-652.

[233]　Gunawan D D,Huarng K. Viral Effects of Social Network and Media on Consumers' Purchase Intention[J]. Journal of Business Research,2015,68 (11):2237-2241.

[234]　Haken H. Synergetics[M]. Berlin:Springer,1983.

[235]　Hammersley M. The Dilemma of Qualitative Method:Herbert Blumer and the Chicago Tradition[M]. London:Routledge,1989.

[236]　Hanifan L J. New Possibilities in Education:The Rural School Community Center[J]. Annals of the American Academy of Political&Social Science, 1916,67:130-138.

[237]　Hankinson G. Relational Network Brands:Towards A Conceptual Model of Place Brands[J]. Journal of Vacation Marketing,2004,10(2):109-121.

[238]　Haythornthwaite C. Social Network Analysis:An Approach and Technique for the Study of Information Exchange[J]. Library & Information Science Research,1996,18(4):323-342.

[239]　Heide J B. Interorganizational Governance in Marketing Channels [J]. Journal of Marketing,1994,58(1):71-85.

[240]　Hoetker G,Mellewigt T. Choice and Performance of Governance Mechanisms:Matching Alliance Governance to Asset Type[J]. Strategic Management Journal,2009,30(10):1025-1044.

[241]　Huang M C,Chiu Y. Relationship Governance Mechanisms and Collaborative Performance:A Relational Life-cycle Perspective[J]. Journal of Purcha-

sing and Supply Management,2018,24(3):260-273.

[242] Jacob C,Patricia C,West S G. Applied Multiple Regression/Correlation Analysis for the Behavioral Sciences, Third Edition [M]. London: Routledge,2002.

[243] Kasabov E,Sundaram U. A Stakeholder Approach to Branding Clusters:Pointers to a Research Agenda[J]. Regional Studies,2013,47(4):530-543.

[244] Kavaratzis M,Hatch M J. The Dynamics of Place Brands:An Identity-based Approach to Place Branding Theory[J]. Marketing Theory,2013,13(1): 69-86.

[245] Keller K L,Richey K. The Importance of Corporate Brand Personality Traits to A Successful 21st Century Business[J]. Journal of Brand Management,2006,14(1):74-81.

[246] Khalfan M,Maqsood T. Current State of Off-Site Manufacturing in Australian and Chinese Residential Construction[J]. Journal of Construction Engineering,2014,2014:1-5.

[247] Klára M,Lucie V. Regional Branding:Building Brand Value[J]. Acta Universitatis Agriculturae et Silviculturae Mendelianae Brunensis,2016,64(6): 2059-2066.

[248] Kotir J H,Smith C,Brown G,et al. A System Dynamics Simulation Model for Sustainable Water Resources Management and Agricultural Development in the Volta River Basin, Ghana[J]. Science of the Total Environment, 2016,573(15):444-457.

[249] Li J J,Poppo L,Zhou K Z. Relational Mechanisms,Formal Contracts,and Local Knowledge Acquisition by International Subsidiaries[J]. Strategic Management Journal,2010,31(4):349-370.

[250] Litaker H,Howard R L. Social Network Analysis and Dual Rover Communications[J]. Acta Astronautica,2013,90(2):367-377.

[251] Liu Q,Guo P,Lei Y,et al. Research on Foreign Capital R&D Ecosystem in China Based on Dissipative Structure Theory[C]. 2017 IEEE International Conference on Industrial Engineering and Engineering Management (IEEM). IEEE,2017:1118-1122.

[252] Liu W,Sidhu A,Beacom A M,et al. Social Network Theory[M]. Hoboken:John Wiley & Sons,Inc. ,2017.

[253] Liu Y,Li Y,Shi L H,et al. Knowledge Transfer in Buyer-supplier

Relationships: The Role of Transactional and Relational Governance Mechanisms [J]. Journal of Business Research,2017,78:285-293.

[254] Liu Y, Luo Y, Liu T. Governing Buyer-Supplier Relationships Through Transactional and Relational Mechanisms: Evidence From China [J]. Journal of Operations Management,2009,27(4):294-309.

[255] Li Y J,Salomo S. Design of Governance in Virtual Communities: Definition,Mechanisms,and Variation Patterns[J]. International Journal of Collaborative Enterprise,2013,3(4):225-251.

[256] Lodge C. Success and failure: The Brand Stories of Two Countries [J]. Journal of Brand Management,2002,9(4):372-384.

[257] Lumineau F,Henderson J E. The Influence of Relational Experience and Contractual Governance on the Negotiation Strategy in Buyer-supplier Disputes[J]. Journal of Operations Management,2012,30(5):382-395.

[258] Lundequist P,Power D. Putting Porter into Practice? Practices of Regional Cluster Building:Evidence from Sweden[J]. European Planning Studies, 2002,10(6):685-704.

[259] Lusch R,Brown J R. Interdependency,Contracting,and Relational Behavior in Marketing Channels[J]. Journal of Marketing,1996,60(4):19-38.

[260] Luu N,Cadeaux J M,Ngo L V. Governance Mechanisms and Total Relationship Value:The Interaction Effect of Information Sharing[J]. Journal of Business & Industrial Marketing,2018,33(5):717-729.

[261] Mitchell R K,Agle B R,Wood D J. Toward a Theory of Stakeholder Identification and Salience:Defining the Principle of who and What Really Counts [J]. Academy of Management Review,1997,22(4):853-886.

[262] Mitchell R K,Agle B R. Stakeholder Identification and Salience:Dialogue and Operationalization[R]. Destin Florida:Proceedings of the International Association for Business and Society,1997.

[263] Moran P,Structural V S. Relational Embeddedness:Social Capital and Managerial Performance[J]. Strategic Management Journal,2005,26(12): 1129-1151.

[264] Nahapiet J,Ghoshal S. Social Capital,Intellectual Capital,and the Organizational Advantage[J]. Academy of Management Review,1998,23(2):242-266.

[265] O'Connor M K,Netting F E,Thomas M L. Grounded Theory:Man-

aging the Challenge for Those Facing Institutional Review Board Oversight[J]. Qualitative Inquiry,2008,14(1):28-45.

[266] Pan W,Gibb A G F,Dainty A R J. Leading UK Housebuilders' Utilization of Offsite Construction Methods[J]. Building Research & Information, 2008,36(1):56-67.

[267] Park S H,LUO Y. Guanxi and Organizational Dynamics:Organizational Networking in Chinese Firms[J]. Strategic Management Journal,2011,22 (5):455-477.

[268] Pierre A,Zivin J G,Jialan W. Superstar Extinction[J]. Quarterly Journal of Economics,2010,125(2):549-589.

[269] Poppo L,Zenger T. Do Formal Contracts and Relational Governance Function As Substitutes or Complements? [J]. Strategic Management Journal, 2002,23(8):707-725.

[270] Porter M E. Clusters and the New Economics of Competition. [J]. Harvard Business Review,1998,76(6):77-90.

[271] Powell W W,Koput K W,Smith-Doerr L. Interorganizational Collaboration and the Locus of Innovation:Networks of Learning in Biotechnology[J]. Administrative Science Quarterly,1996,41(1):116-145.

[272] Rhodes R A W. The New Governance:Governing without Government[J]. Political Studies,1996,44(4):652-667.

[273] Schilke O,Lumineau F. The Double-Edged Effect of Contracts on Alliance Performance[J]. Academy of Management Annual Meeting Proceedings, 2014,2014(1):10700.

[274] Schooler R D. Product Bias in the Central American Common Market [J]. Journal of Marketing Research,1965,2(4):394-397.

[275] Scott J. Social Network Analysis [J]. Sociology, 1988, 22 (1): 109-127.

[276] Sheng S,Zhou K Z,Li J J,et al. Institutions and Opportunism in Buyer-supplier Exchanges:the Moderated Mediating Effects of Contractual and Relational Governance[J]. Journal of the Academy of Marketing Science,2018,46 (6):1014-1031.

[277] Sim A B,Ali M Y. Determinants of Stability in International Joint Ventures:Evidence from a Developing Country Context[J]. Asia Pacific Journal of Management,2000,17(3):373-397.

[278] Simon A. Definitions of place branding—Working towards a resolution[J]. Place Branding and Public Diplomacy,2010,6(1):1-10.

[279] Skjoett L T,Thernφe C,Andresen C. Supply Chain Collaboration: Theoretical Perspectives and Empirical Evidence[J]. International Journal of Physical Distribution & Logistics Management,2003,33(6):531-549.

[280] Standifird S S,Marshall R S. The Transaction Cost Advantage of Guanxi-Based Business Practices[J]. Journal of World Business,2000,35(1): 21-42.

[281] Strauss A L,Corbin J. Basics of Qualitative Research:Grounded Theory Procedures and Techniques[M]. Newbury Park:Sage,1990.

[282] Todeva E,Knoke D. Strategic Alliances and Models of Collaboration [J]. Management Decision,2005,43(1):123-148.

[283] Wellman B. Network Analysis:Some Basic Principles[J]. Sociological Theory,2007,1(1):155-200.

[284] Wong C,Law K,Huang G. On the Importance of Conducting Construct-Level Analysis for Multidimensional Constructs in Theory Development and Testing[J]. Journal of Management,2008,34(4):744-764.

[285] Xu J ,Tian Z . Consumers' Purchasing Intention of Regional Brand on E-commerce Platform[J]. International Conference on Application of Intelligent Systems in Multi-modal Information Analytics,2020,3(5):183-189.

[286] Yang J,Shen G Q,Ho M. An Overview of Previous Studies in Stakeholder Management and Its Implications for the Construction Industry[J]. Journal of Facilities Management,2009,7(2):159-175.

[287] Yin R K. Case Study Research:Design and Methods[J]. Sage Publications,2010,44(1):107-108.

[288] Zaheer A,Venkatraman N. Relational Governance as an Interorganizational Strategy:An Empirical Test of the Role of Trust in Economic Exchange [J]. Strategic Management Journal,1995,16(5):373-392.

[289] Zhang Q,Zhou K Z. Governing Interfirm Knowledge Transfer in the Chinese Market:The Interplay of Formal and Informal Mechanisms[J]. Industrial Marketing Management,2013,42(5):783-791.

[290] Zhang X M,Zhu F. Group Size and Incentives to Contribute:A Natural Experiment at Chinese Wikipedia[J]. American Economic Review,2011,101 (4):1601-1615.

附　　录

附录 A　调查问卷

尊敬的先生/女士：

　　您好！感谢您抽出宝贵的时间填写此问卷。本调查的目的在于了解林产坚果区域品牌利益相关者之间的协同关系及其协同效果,促进林产坚果区域品牌建设并提供政策建议,同时为推动林业产业的转型升级提供借鉴。本问卷数据仅作学术研究之用途,不需署名,您本人的个人信息及所在单位的相关信息将严格保密。感谢您对本研究的支持和协助。

课题组

一、基本信息(以下均为单选,请在正确的选项上画"√"。)

1. 您来自:

□政府部门　□行业组织　□种植加工企业　□高校科研咨询机构　□其他
贵单位(企业、基地、合作社等)创立于_____年,注册资金_____万元。

2. 贵单位(企业、基地、合作社等)品牌管理团队的规模:

□1～5 人　□6～10 人　□10～20 人　□20 人以上

3. 贵单位(企业、基地、合作社等)参与协同创建的区域品牌名称:_____,
参与实践时间:

□1 个月内　□1 个月～1 年　□1 年以上

4. 贵单位(企业、基地、合作社等)平均每年参与集体协同创建的区域品牌创建活动的次数:

□2 次以下　□2～7 次　□7 次以上

5. 您的职称/职务:

□高级职称(高层管理者)　□中级职称(中层管理者)　□初级职称(基层员工)

6. 您从事品牌相关工作的时间:

□1 个月内　□1 个月～1 年　□1 年以上

7. 您的性别:

□男　□女

8. 您的年龄:

□20～30 岁　□31～40 岁　□41～50 岁　□50 岁及以上

9. 您的学历:

□专科以下　□专科　□本科　□硕士及以上

10. 联系方式：＿＿＿＿＿＿＿＿＿＿＿＿（电话号码、QQ 号码或电子邮箱）

二、林产坚果区域品牌利益相关者重要性调查

请根据您对下列主体在林产坚果区域品牌建设过程中发挥的作用进行判断，1～5 分别代表非常不重要、不重要、比较重要、重要和非常重要。在符合您观点的分数上画"√"。

（一）林产坚果区域品牌利益相关者权力性表现					
下列主体对林产坚果区域品牌的影响力如何？	非常不重要				非常重要
1. 种植企业	1	2	3	4	5
2. 加工企业	1	2	3	4	5
3. 物流企业	1	2	3	4	5
4. 经销商	1	2	3	4	5
5. 电商平台	1	2	3	4	5
6. 合作社	1	2	3	4	5
7. 消费者组织/社群	1	2	3	4	5
8. 村集体/当地社区	1	2	3	4	5
9. 当地政府	1	2	3	4	5
10. 林业管理部门	1	2	3	4	5
11. 林场	1	2	3	4	5
12. 科研机构/院校	1	2	3	4	5
13. 行业协会	1	2	3	4	5
14. 商务咨询机构	1	2	3	4	5
15. 媒体	1	2	3	4	5
（二）林产坚果区域品牌利益相关者合法性表现					
下列主体与林产坚果区域品牌治理组织的契约关系如何？	非常不重要				非常重要
1. 种植企业	1	2	3	4	5
2. 加工企业	1	2	3	4	5
3. 物流企业	1	2	3	4	5
4. 经销商	1	2	3	4	5
5. 电商平台	1	2	3	4	5

下列主体与林产坚果区域品牌治理组织的契约关系如何？	非常不重要			非常重要	
6. 合作社	1	2	3	4	5
7. 消费者组织/社群	1	2	3	4	5
8. 村集体/当地社区	1	2	3	4	5
9. 当地政府	1	2	3	4	5
10. 林业管理部门	1	2	3	4	5
11. 林场	1	2	3	4	5
12. 科研机构/院校	1	2	3	4	5
13. 行业协会	1	2	3	4	5
14. 商务咨询机构	1	2	3	4	5
15. 媒体	1	2	3	4	5

（三）林产坚果区域品牌利益相关者紧急性表现

下列主体提的要求能否得到林产坚果区域品牌治理组织的及时响应？	非常不重要			非常重要	
1. 种植企业	1	2	3	4	5
2. 加工企业	1	2	3	4	5
3. 物流企业	1	2	3	4	5
4. 经销商	1	2	3	4	5
5. 电商平台	1	2	3	4	5
6. 合作社	1	2	3	4	5
7. 消费者组织/社群	1	2	3	4	5
8. 村集体/当地社区	1	2	3	4	5
9. 当地政府	1	2	3	4	5
10. 林业管理部门	1	2	3	4	5
11. 林场	1	2	3	4	5
12. 科研机构/院校	1	2	3	4	5
13. 行业协会	1	2	3	4	5
14. 商务咨询机构	1	2	3	4	5
15. 媒体	1	2	3	4	5

三、林产坚果区域品牌协同治理及其效应调查

以下是一些描述林产坚果区域品牌利益相关者协同情况的语句。请根据您的认同程度进行选择,1~5分别代表非常不同意、不同意、基本同意、同意和非常同意。在符合您观点的分数上画"√"。

（一）网络关系					
关系强度	非常不同意				非常同意
1. 我们和品牌利益相关者社群成员间交流频繁	1	2	3	4	5
2. 我们和品牌利益相关者社群成员间交流的时间挺长	1	2	3	4	5
3. 我们和品牌利益相关者社群成员间彼此熟悉	1	2	3	4	5
关系质量	非常不同意				非常同意
4. 我们和品牌利益相关者社群成员间资源互补	1	2	3	4	5
5. 我们和品牌利益相关者社群成员间没有冲突	1	2	3	4	5
6. 我们对品牌利益相关者社群成员间的交流很满意	1	2	3	4	5
7. 我们和品牌利益相关者社群成员间彼此信任	1	2	3	4	5
关系持久性	非常不同意				非常同意
8. 我们长期和利益相关者社群成员间进行交流	1	2	3	4	5
9. 我们和新进入利益相关者社群的成员交流频繁	1	2	3	4	5
10. 和我们交流的成员频繁离开利益相关者社群	1	2	3	4	5
（二）网络结构					
网络密度	非常不同意				非常同意
1. 集群内大多数企业之间都存在直接的联系	1	2	3	4	5
2. 我们与集群内合作伙伴联系频繁	1	2	3	4	5
网络中心性	非常不同意				非常同意
3. 在我们所处的集群内大多数企业之间都存在直接的联系	1	2	3	4	5
4. 集群内其他企业在建立关系网络时经常通过我们牵线	1	2	3	4	5
5. 我们与集群内合作伙伴联系密切	1	2	3	4	5
网络派系	非常不同意				非常同意
6. 集群内派系严重	1	2	3	4	5
7. 有些事项无法参与	1	2	3	4	5

（三）契约治理					
风险分担	非常不同意				非常同意
1. 该品牌利益相关者社群内的规章制度是衡量成员行为的唯一标准	1	2	3	4	5
2. 对于未来可能出现争议的风险因素,品牌利益相关者社群内的规章制度中有明确的处理程序、处理原则	1	2	3	4	5
3. 该虚拟品牌社区内有详细的规章制度,规定着各个角色的权利和义务	1	2	3	4	5
收益分配	非常不同意				非常同意
4. 我们获得的收益与付出是相符的	1	2	3	4	5
5. 在处理争议或未约定的事项时,充分考虑了相关方合理的利益诉求	1	2	3	4	5
6. 项目评标方法是合理的	1	2	3	4	5
问责机制	非常不同意				非常同意
7. 对品牌利益相关者的品牌参与行为有明确的评价指标	1	2	3	4	5
8. 对品牌利益相关者的不良品牌参与行为有明确的责任追究机制	1	2	3	4	5
（四）关系治理					
信任	非常不同意				非常同意
1. 在当地区域品牌化进程中,我公司和客户企业相互信任	1	2	3	4	5
2. 贵企业期望与合作伙伴进行坦诚交流和分享信息、想法或倡议	1	2	3	4	5
3. 贵企业相信合作伙伴的诚实行为	1	2	3	4	5
4. 我公司和客户企业之间彼此有亲近感	1	2	3	4	5
承诺	非常不同意				非常同意
5. 主要合作方对其职责作出承诺并遵守了承诺	1	2	3	4	5
6. 主要合作方为完成项目目标投入了大量的资源	1	2	3	4	5
7. 我方很重视与主要合作方的关系	1	2	3	4	5
合作	非常不同意				非常同意
8. 贵企业与合作伙伴共享企业的长期和短期的目标和计划	1	2	3	4	5
9. 项目的利益相关方都积极、持续地参与到项目中来	1	2	3	4	5

（续表）

合作	非常不同意				非常同意
10. 项目主要合作方能高效地执行项目	1	2	3	4	5
（五）协同效应					
区域品牌效应	非常不同意				非常同意
1. 该地区在我心目中具有鲜明的特色和良好的形象	1	2	3	4	5
2. 该地区的特色是其他地区所没有的	1	2	3	4	5
3. 假如可能的话，我要到该地区旅游或购买该地区的产品	1	2	3	4	5
4. 我将会给我周围的朋友推荐该地区或该地区的产品	1	2	3	4	5
5. 我会鼓励其他人到该地区旅游或购买该地区的产品	1	2	3	4	5

感谢您配合本次调查，祝您工作愉快！

附录 B 访谈提纲

尊敬的先生/女士:

　　您好!感谢您抽出宝贵的时间参与本调研访谈。本次调研访谈的目的在于了解林产坚果区域品牌利益相关者之间的关系及林产坚果区域品牌协同治理的发展情况,促进林产坚果区域品牌建设并提供政策建议,同时为推动林业产业的转型升级提供借鉴。本次调研访谈仅作学术研究之用途,不需署名,您本人的个人信息及所在单位的相关信息将严格保密。感谢您对本研究的支持和协助。

课题组

一、访谈对象基本信息

姓名:_____;性别:_____;年龄:_____;
学历:_____;单位:_____;联系方式:_____。

二、访谈问题

(一)关于林产坚果区域品牌利益相关者的问题

1. 贵单位参与的林产坚果区域品牌的利益相关主体都有哪些?

2. 上述林产坚果区域品牌的利益相关主体起到了关键作用,为什么?

3. 除了上述林产坚果区域品牌的利益相关主体外,您觉得还应该有哪些主体应该加入林产坚果区域品牌创建活动中?为什么?

(二)关于林产坚果区域品牌社会网络关系的问题

1. 上述林产坚果区域品牌的利益相关主体之间的关系怎么样?关系的好坏是否会影响到区域品牌创建的效果?具体体现在哪些方面?

2. 为了维系或者优化上述利益相关主体之间的关系,利益相关主体之间都采取了什么措施?

3. 如果有可能调整上述利益相关主体之间的关系,您希望给出什么样的优化建议?

(三)关于林产坚果区域品牌协同治理的问题

1. 贵单位参与了哪些林产坚果区域品牌的协同治理活动?

2. 贵单位参与的林产坚果区域品牌协同治理活动都有哪些具体内容?

3. 上述林产坚果区域品牌协同治理活动中,贵单位具体分担了哪些工作?

4. 上述林产坚果区域品牌协同治理活动中,哪些单位分担了哪些工作最重要? 请具体说一说。

5. 上述林产坚果区域品牌协同治理活动中,利益相关者之间的合作参与效果怎么样? 请具体说一说。

(四) 关于林产坚果区域品牌效应的问题

1. 您觉得林产坚果区域品牌效应都应该包含什么内容?

2. 您觉得保持林产坚果区域品牌效应可持续的要素是什么?

(五) 其他问题

1. 您觉得当前林产坚果区域品牌发展面临什么样的问题?

2. 您认为林产坚果区域品牌协同治理的发展趋势是什么?

感谢您配合本次调查,祝您工作愉快!

附录C 《农业农村部关于加快推进品牌强农的意见》

农业农村部关于加快推进品牌强农的意见

农市发〔2018〕3号

各省、自治区、直辖市及计划单列市农业(农牧、农村经济)、农机、畜牧、兽医、农垦、农产品加工、渔业(水利)厅(局、委、办),新疆生产建设兵团农业局:

党的十九大报告提出实施乡村振兴战略。2018年中央一号文件提出质量兴农之路,突出农业绿色化、优质化、特色化、品牌化,全面推进农业高质量发展。品牌建设贯穿农业全产业链,是助推农业转型升级、提质增效的重要支撑和持久动力。为贯彻落实中央精神,深入推进品牌强农,现提出如下意见。

一、充分认识新时期加快品牌强农的重要意义

(一)品牌强农是经济高质量发展的迫切要求。品牌是市场经济的产物,是农业市场化、现代化的重要标志。当前,我国经济发展进入质量效率型集约增长的新阶段,处于转换增长动力的攻关期。加快推进品牌强农,有利于促进生产要素更合理配置,催生新业态、发展新模式、拓展新领域、创造新需求,促进乡村产业兴旺,加快农业转型升级步伐。

(二)品牌强农是推进农业供给侧结构性改革的现实路径。农业品牌化是改善农业供给结构、提高供给质量和效率的过程。加快推进品牌强农,有利于更好发挥市场需求的导向作用,减少低端无效供给,增加绿色优质产品,提升农业生态服务功能,更好满足人民日益增长的美好生活需要,使农业供需关系在更高水平上实现新的平衡。

(三)品牌强农是提升农业竞争力的必然选择。品牌是国家的名片,民族品牌更是代表着国家的经济实力、软实力以及企业的核心竞争力。当前,我国农业品牌众多,但杂而不亮。加快推进品牌强农,有利于提高我国农业产业素质,弘扬中华农耕文化,树立我国农产品良好国际形象,提升对外合作层次与开放水平,增强我国农业在全球竞争中的市场号召力和影响力。

(四)品牌强农是促进农民增收的有力举措。品牌是信誉、信用的集中体现,是产品市场认可度的有力保证。加快推进品牌强农,有利于发挥品牌效应,进一步

149

挖掘和提升广大农村优质农产品资源的价值,促进千家万户小农户有效对接千变万化大市场,增强农民开拓市场、获取利润的能力,更多分享品牌溢价收益。

二、总体要求

(一)指导思想

全面落实党的十九大精神,深入贯彻习近平新时代中国特色社会主义思想,践行新发展理念,按照乡村振兴战略的部署要求,以推进农业供给侧结构性改革为主线,以提质增效为目标,立足资源禀赋,坚持市场导向,提升产品品质,注重科技支撑,厚植文化底蕴,完善制度体系,着力塑造品牌特色,增强品牌竞争力,加快构建现代农业品牌体系,培育出一批"中国第一,世界有名"的农业品牌,促进农业增效、农民增收和农村繁荣,推动我国从农业大国向品牌强国转变。

(二)基本原则

——坚持品质与效益相结合。严把农产品质量安全关,坚持质量第一、效益优先。品质是品牌的前提和基础,是抵御市场风险的基石,要以工匠精神着力提升产品品质,通过规模化提高综合效益,推动品牌建设又快又好发展。

——坚持特色与标准相结合。立足资源禀赋和产业基础,充分发挥标准化的基础保障、技术引领、信誉保证作用,突出区域农产品的差异化优势,以特色塑造品牌的独特性,以标准确保品牌的稳定性。

——坚持传承与创新相结合。农业品牌建设要在传承中创新,在创新中传承,既要保护弘扬中华农耕文化,延续品牌历史文脉,又要着力增强自主创新能力,与现代元素充分结合,提升产品科技含量,增强品牌国际竞争力。

——坚持市场主导与政府推动相结合。发挥好政府与市场在品牌培育中的作用,强化政府服务意识,加强政策引导、公共服务和监管保护,为品牌发展营造良好环境。强化企业主体地位,弘扬企业家精神,激发品牌创造活力和发展动能。

(三)发展目标

力争3-5年,我国农业品牌化水平显著提高,品牌产品市场占有率、消费者信任度、溢价能力明显提升,中高端产品供给能力明显提高,品牌带动产业发展和效益提升作用明显增强。国家级、省级、地市级、县市级多层级协同发展、相互促进的农业品牌梯队全面建立,规模化生产、集约化经营、多元化营销的现代农业品牌发展格局初步形成。重点培育一批全国影响力大、辐射带动范围广、国际竞争力强、文化底蕴深厚的国家级农业品牌,打造300个国家级农产品区域公用品牌,500个国家级农业企业品牌,1000个农产品品牌。

三、主要任务

（一）筑牢品牌发展基础

将品质作为品牌发展的第一要义,坚持市场导向、消费者至上,把安全、优质、绿色作为不断提升产品和服务质量的基本要求。统筹农业生产、加工、冷链物流等设施项目建设,建设一批规范标准、生态循环的农产品种养加基地,加快推进农产品生产的规模化、产业化、集约化,提高农产品供给能力。着力构建现代农业绿色生产体系,将产品安全、资源节约、环境友好贯穿始终,将绿色生态融入品牌价值。大力推进标准体系建设,建立健全农产品生产标准、加工标准、流通标准和质量安全标准,推进不同标准间衔接配套,形成完整体系。加强绿色、有机和地理标志认证与管理,强化农业品牌原产地保护。加快构建农产品质量安全追溯体系,强化农产品质量安全全程监管。加强品牌人才培养,以新型经营主体为重点,建设专业素质高、创新能力强、国际视野广的人才队伍,提高品牌经营管理水平。

（二）构建农业品牌体系

结合资源禀赋、产业基础和文化传承等因素,制定具有战略性、前瞻性的品牌发展规划。培育差异化竞争优势的品牌战略实施机制,构建特色鲜明、互为补充的农业品牌体系,提升产业素质和品牌溢价能力。建设和管理农产品区域公用品牌是各级政府的重要职责,以县域为重点加强品牌授权管理和产权保护,有条件的地区要与特色农产品优势区建设紧密结合,一个特优区塑强一个区域公用品牌。结合粮食生产功能区、重要农产品生产保护区及现代农业产业园等园区建设,积极培育粮棉油、肉蛋奶等"大而优"的大宗农产品品牌。以新型农业经营主体为主要载体,创建地域特色鲜明"小而美"的特色农产品品牌。农业企业要充分发挥组织化、产业化优势,与原料基地建设相结合,加强自主创新、质量管理、市场营销,打造具有较强竞争力的企业品牌。

（三）完善品牌发展机制

建立农业品牌目录制度,组织开展品牌目录标准制定、品牌征集、审核推荐、评价认定和培育保护等活动,发布品牌权威索引,引导社会消费。目录实行动态管理,对进入目录的品牌实行定期审核与退出机制。鼓励和引导品牌主体加快商标注册、专利申请、"三品一标"认证等,规范品牌创建标准。结合"三区一园"建设,创新民间投资机制,推动资源要素在品牌引领下集聚,形成品牌与园区共建格局。农业农村部门要加强与发改、财政、商务、海关、市场监管等部门的协同配合,形成创品牌、管品牌、强品牌的联动机制。建立健全农业品牌监管机制,加大套牌和滥用品牌行为的惩处力度。加强品牌中介机构行为监管,严格规范品牌评估、评定、评价、发布等活动,禁止通过品牌价值评估、品牌评比排名等方式变相收费,严肃处理误导消费者、扰乱市场秩序等行为。构建危机处理应急机制,引导消费行为,及时回应社会关切。完善农业品牌诚信体系,构建社会监督体系,将品牌信誉纳入国家诚信体系。

(四) 挖掘品牌文化内涵

中华农耕文化是我国农业品牌的精髓和灵魂。农业品牌建设要不断丰富品牌内涵,树立品牌自信,培育具有强大包容性和中国特色的农业品牌文化。深入挖掘农业的生产、生活、生态和文化等功能,积极促进农业产业发展与农业非物质文化遗产、民间技艺、乡风民俗、美丽乡村建设深度融合,加强老工艺、老字号、老品种的保护与传承,培育具有文化底蕴的中国农业品牌,使之成为走向世界的新载体和新符号。充分挖掘农业多功能性,使农业品牌业态更多元、形态更高级。研究并结合品牌特点,讲好农业品牌故事,大力宣扬勤劳勇敢的中国品格、源远流长的中国文化、尚农爱农的中国情怀,以故事沉淀品牌精神,以故事树立品牌形象。充分利用各种传播渠道,开展品牌宣传推介活动,加强国外受众消费习惯的研究,在国内和国外同步发声,增强中国农业品牌在全世界的知名度、美誉度和影响力。

(五) 提升品牌营销能力

以消费需求为导向,以优质优价为目标,推动传统营销和现代营销相融合,创新品牌营销方式,实施精准营销服务。全面加强品牌农产品包装标识使用管理,提高包装标识识别度和使用率。充分利用农业展会、产销对接会、产品发布会等营销促销平台,借助大数据、云计算、移动互联等现代信息技术,拓宽品牌流通渠道。探索建立多种形式的品牌农产品营销平台,鼓励专柜、专营店建设,扩大品牌农产品市场占有率。大力发展农业农村电子商务,加快品牌农产品出村上行。聚焦重点品种,着力加强市场潜力大、具有出口竞争优势的农业品牌建设。加大海外营销活动力度,支持有条件的农业企业"走出去",鼓励参加国际知名农业展会,提升我国农业品牌的影响力和渗透力。支持建设境外中国农业展示展销中心,搭建国际农产品贸易合作平台。

四、保障措施

(一) 加强组织领导

各地要深刻认识品牌强农的重要意义,以质量第一、品牌引领为工作导向,纳入各级领导的重要议事日程,持续发力、久久为功,推动农业高质量发展。各级农业农村部门要加快构建职责明确、协同配合、运作高效的工作机制。农业农村部统筹负责全国农业品牌建设的政策创设和组织实施。地方农业农村部门牵头负责本地农业品牌建设和管理,制定实施方案,将农业品牌建设纳入年度工作考核任务。

（二）加大政策支持

鼓励地方整合涉农资金,集中力量支持农业品牌建设的重点区域和关键环节。各级农业农村部门要整合内部资源,安排专项资金,采取多种形式加大对农产品区域公用品牌的扶持力度。发挥财政资金引导作用,撬动社会资本参与企业品牌和特色农产品品牌建设。引导银行、证券等金融机构参与农业品牌建设,创新投融资方式,拓宽资金来源渠道。

（三）加强示范引领

鼓励和支持各地采用多种方式强化宣传推介,营造全社会发展品牌、消费品牌、保护品牌的良好氛围。各级农业农村部门要结合本地实际,推选一批农业品牌,树立一批市场主体,总结一批典型经验,以品牌建设引领现代农业产业发展。综合利用各类媒体媒介,推出具有较强宣传力和影响力的品牌推介活动。

（四）完善公共服务

各级农业农村部门要增强市场主体服务意识、提升服务水平,鼓励支持行业协会、品牌主体等开展标准制定、技术服务、市场推广、业务交流、品牌培训等业务,建立完善的品牌社会化服务体系。强化中介机构能力建设,提升品牌设计、营销、咨询、评价、认证等方面的专业化服务水平。加强信息报送和政策宣传,努力营造全社会关心、支持农业品牌建设的良好氛围。

农业农村部

2018 年 6 月 26 日

（资料来源:农业农村部网站）

附录 D 《林业品牌建设与保护行动计划（2017—2020 年）》

国家林业局关于印发《林业品牌建设与保护行动计划（2017—2020 年）》的通知

林科发〔2017〕158 号

各省、自治区、直辖市林业厅（局），内蒙古、吉林、龙江、大兴安岭森工（林业）集团公司，新疆生产建设兵团林业局，国家林业局各司局、各直属单位：

为加强林业品牌建设和保护工作，根据《国务院办公厅关于发挥品牌引领作用推动供需结构升级的意见》（国办发〔2016〕44 号）和《国家林业局关于加强林业品牌建设的指导意见》要求，我局组织编制了《林业品牌建设与保护行动计划（2017—2020 年）》。现印发给你们，请结合本地区本单位实际，认真组织实施。

特此通知。

国家林业局

2017 年 12 月 29 日

林业品牌建设与保护行动计划（2017—2020 年）

为全面贯彻党的十九大精神，落实《中共中央 国务院关于开展质量提升行动的指导意见》《国务院办公厅关于发挥品牌引领作用推动供需结构升级的意见》《林业产业发展"十三五"规划》等要求，结合林业品牌建设与保护实际，加快培育、提升、壮大林业品牌，形成推动品牌建设与保护的长效机制，促进林业提质增效，特制定本行动计划。

一、工作思路

充分发挥品牌引领作用，推进供给侧结构性改革，按照《国家林业局关于加强林业品牌建设的指导意见》要求，加快推进林业标准化生产，强化林产品质量监管，培育林业品牌建设主体，加强林业品牌保护监管，加大品牌产品营销和宣传力度，完善林业品牌服务体系。加快林业品牌建设与保护,促进林业产业健康快速发展。

二、工作目标

通过完善林业品牌建设与评价标准体系以及品牌价值评价体系,加大品牌建设与培育力度、加强品牌创新能力建设、提升品牌的质量保障能力等,建立一套林业品牌评价、培育、保护、宣传的管理体系和机制,激发全社会参与林业品牌建设的积极性和创造力,形成一批林业国内外知名品牌。

——林业品牌目录制度。把具有一定影响力的区域品牌、企业品牌、产品品牌形成目录,统一组织发布,实行动态管理。

——培育优势、特色林产品区域品牌和企业知名品牌。

——发展林业服务产业。到 2020 年,培育一批特色鲜明的林业服务品牌。

三、工作措施

(一)建立林业品牌建设协调机制

发挥国家林业局林业品牌工作领导小组统筹、协调作用,指导全国林业品牌工作,审议林业品牌发展战略、规划、政策和有关重要事项,协调解决林业品牌中的重大问题。各相关部门按照工作职责和任务分工,各司其职,密切配合,合力推进。(牵头单位:科技司,配合单位:领导小组成员单位;时间安排:2017—2020 年)

(二)完善林业品牌建设与评价标准体系

结合林业产业各行业的发展定位,推进木质林产品、经济林、木本油料、林化产品、种苗、花卉、竹藤、森林旅游以及林业生态服务等领域品牌建设、品牌价值及其评价标准的制定和实施。健全林业服务业标准体系,开展服务业标准化试点;启动优质服务管理制度研究与探索,促进服务业质量标准化、规范化、品牌化发展。(牵头单位:科技司,配合单位:场圃总站、科技中心、林科院、竹藤中心、林产工业协会;时间安排:2017—2020 年)

(三)建立林业品牌目录制度

研究制定林业品牌目录范围、征集办法,明确征集范围、对象和程序;研究制定审核办法,明确审核的要求、内容和责任;研究制定列入目录品牌保护办法;研究制定品牌目录动态管理办法;制定林业知名品牌目录。(牵头单位:科技司,配合单位:领导小组成员单位;时间安排:2017—2020 年)

（四）建立失信联合惩戒机制

完善林业品牌登记保护、产品防伪标识使用制度，对纳入目录的林业品牌实行动态监管。预防和制止各类垄断行为和不正当竞争行为。建立林产品质量安全、知识产权等领域失信联合惩戒机制，建立失信黑名单制度，提高失信成本，切实保护林产品品牌形象。（牵头单位：计财司、林改司、政法司，配合单位：造林司、科技司、场圃总站、科技中心、林产工业协会；时间安排：2017—2020年）

（五）加大林业品牌培育力度

鼓励林业企业等经营主体实施品牌发展规划，加大品牌培育投入，指导企业编制品牌培育手册、品牌管理体系自我评价报告等，提升品牌核心竞争力；在林业产业发达的产业集群或区域，培育区域品牌。加大森林旅游品牌培育力度。引导林业企业、专业合作社与高等学校、科研院所积极合作，鼓励和支持林业企业建立研发中心、实验室和科技成果转化基地，加强品牌创新能力建设。支持行业协会、产业联盟、质检机构、认证与标准服务机构等，开展标准、质量、技术、品牌等咨询、评价等活动。（牵头部门：科技司，配合单位：造林司、林改司、计财司、场圃总站、科技中心、林产工业协会；时间安排：2017—2020年）

（六）提升林业品牌质量保障能力

鼓励和支持行业协会、产业联盟、质检机构、科研院所、企业等开展质量提升、标准比对、质量比对等活动。引导企业牢固树立质量第一的意识，建立完善的质量管理体系，加强质量管理，弘扬工匠精神。开展林木制品、非木质林产品质量提升活动，强化林产品国家监督抽查、行业监测。（牵头部门：科技司，配合单位：领导小组成员单位，林科院、竹藤中心；时间安排：2017—2020年）

（七）推进林业品牌示范试点工作

按规定和要求开展质量提升示范区、标准化示范企业、龙头企业、森林认证示范基地（企业）、森林康养（养生）基地、森林体验基地、全国森林旅游示范市县等创建工作，探索林业企业标准化生产服务、质量提升工作新模式，推动林业品牌建设与保护的快速发展。积极打造"中国森林旅游节"品牌，加快森林小镇、森林乡村、森林村庄、森林人家、森林步道等品牌建设。（牵头部门：造林司、林改司、科技司、场圃总站、宣传办、科技中心，配合单位：林科院、中产联、林产工业协会、经济林协会；时间安排：2017—2020年）

（八）持续推进森林城市创建工作

全面推进森林城市建设，完善国家森林城市评价标准，基本形成符合国情、类型丰富、特色鲜明的森林城市发展格局,初步建成 6 个国家级森林城市群、200 个国家森林城市、1000 个森林乡镇示范,城乡生态面貌明显改善,人居环境质量明显改善,居民生态文明意识明显提升。(牵头部门:宣传办,配合单位:科技司,林科院;时间安排:2017—2020 年)

（九）推动建设经济林和竹藤花卉产业区域特色品牌

通过试点先行,总结完善,形成一套成功经验和可复制的模式,并广泛推行,积极打造一批不同树种、不同区域特色的经济林产业品牌建设样板,大幅提升我国经济林和竹藤花卉产业的综合效益。(牵头部门:造林司,配合单位:竹藤中心、经济林协会、花卉协会、竹产业协会;时间安排:2017—2020 年)

（十）建设国家森林生态标志产品品牌体系

做好国家森林生态标志产品品牌评估认定体系创建和运营管理设计、认定产品目录和标准编制、认定标志宣传推广和认定产品商业价值提升等工作。(牵头部门:林改司,配合单位:领导小组成员单位;时间安排:2017—2020 年)

（十一）加强森林认证工作

进一步完善森林认证制度,拓展认证范围,推进森林认证产品纳入政府采购目录。积极开展森林认证宣传与推广工作,提升认证产品的社会认可度。(牵头部门:科技中心,配合单位:林改司、科技司、场圃总站、宣传办、绿色时报;时间安排:2017—2020 年)

（十二）加大品牌宣传力度

通过各种媒体大力宣传林业品牌,讲述林业品牌培育、提升、壮大的故事。组织开展多种形式的展览会、高峰论坛、研讨会、节庆活动等,搭建宣传、交流、合作平台。以全国"质量月""世界标准日""中国品牌日"等为契机,广泛宣传林业品牌建设与保护的举措与成就。(牵头单位:宣传办、科技司、信息办、绿色时报,配合单位:领导小组成员单位;时间安排:2017—2020 年)

四、组织保障

（一）加强组织,合力推进

国家林业局各司局、各直属单位、各省级林业主管部门,各有关林业行业协会要密切合作,建立健全工作协调机制;林业各相关产业试点示范单位、龙头骨干企业应积极参与相关工作和活动。

（二）细化方案，狠抓落实

要结合地区、行业、企业特点，创新工作思路，参照制定各自的品牌建设与保护计划，细化工作内容，明确工作目标、责任分工和进度要求，加强过程跟踪和结果考核，确保责任落实。

（三）及时沟通，认真总结

要加强联系，形成合力，及时协调解决林业品牌建设工作中的问题。各地要充分重视林业品牌建设的进展情况，及时总结工作中的好经验好做法，向国家林业局报告。

（资料来源：原国家林业局网站）

附录 E 《中国特色农产品优势区管理办法(试行)》

农业农村部办公厅 国家林业和草原局办公室
国家发展改革委办公厅 财政部办公厅 科技部办公厅
自然资源部办公厅 水利部办公厅关于印发
《中国特色农产品优势区管理办法(试行)》的通知

农办市〔2020〕9号

根据《特色农产品优势区建设规划纲要》的要求,为推进中国特色农产品优势区规范化管理,农业农村部、国家林业和草原局、国家发展改革委、财政部、科技部、自然资源部、水利部研究制定了《中国特色农产品优势区管理办法(试行)》,现印发给你们,请贯彻执行。

农业农村部办公厅 国家林业和草原局办公室
国家发展改革委办公厅 财政部办公厅
科技部办公厅 自然资源部办公厅 水利部办公厅
2020年7月15日

中国特色农产品优势区管理办法(试行)

第一章 总则

第一条 为加强中国特色农产品优势区(以下简称"中国特优区")管理,做大做强特色农业产业,塑强中国农业品牌,提升农业竞争力,促进农民增收致富,助力乡村振兴,根据《中共中央、国务院关于实施乡村振兴战略的意见》《乡村振兴战略规划(2018—2022年)》《特色农产品优势区建设规划纲要》等文件要求,制定本管理办法。

第二条 中国特优区立足区域资源禀赋,以经济效益为中心、农民增收为目的,坚持市场导向、标准引领、品牌号召、主体作为、地方主抓的原则,以发展特色鲜明、优势集聚、产业融合、市场竞争力强的农业产业为重点,打造"中国第一,世界有名"的特色农产品优势区。具备以下特征:

——比较优势明显,特色主导产业资源禀赋好、种养规模适度、市场化程度高,

安全、绿色、品牌产品比例高;

——产业融合发展,特色主导农产品生产、加工、储运、销售集群式发展,全产业链开发水平较高;

——现代要素集聚,土地、资本、人才、科技、装备等要素集聚,劳动生产率、土地产出率、资源利用率较高;

——利益链条完整,企业、协会、农民合作社、农户形成紧密利益联结关系,合理分享产业发展收益;

——运行机制完善,形成政府引导、市场主导、主体多元、协会服务、农民参与的齐抓共建、协同推进的发展格局。

第三条 中国特优区所在地政府应加强组织领导,可将当地农业特色产业纳入本地经济建设重点,制定相应扶持政策。农业农村、林草等部门牵头负责做好规划建设。

第四条 鼓励农业产业化龙头企业、林业重点龙头企业、农民合作社和协会等主体积极参与,承担相关工作,推进特色产业高效发展,构建紧密型的利益联结机制,有效带动农民增收致富。

第五条 本办法适用于农业农村部、国家林草局、国家发展改革委会同有关部门组织认定的中国特优区,各省级特优区可参照执行。

第二章 申报与认定

第六条 原则上以县(市、区,林区,垦区)为单位申报。区域内特色主导品种相同、获得同一地理标志认证(登记)的地级市可单独申报,地级市区域内的部分县(场)也可联合申报。对"三区三州"地区认定标准适当放宽。

第七条 各地以《特色农产品优势区建设规划纲要》对重点品种(类)和区域布局的总体要求为指导,立足本地产业实际,充分挖掘资源优势,综合考虑市场需求,统筹兼顾粮经产品、园艺产品、畜产品、水产品和林特产品等五大类特色农产品,自主选择品种。

第八条 凡申报中国特优区应具备以下条件:

(一)产业竞争力突出。产业资源特色鲜明、品质优势明显、生产历史悠久,产品市场认可度高,特色主导产品在全国具有较强代表性和竞争力,产量或产值在全国同级地区位居前列,具备发展"中国第一,世界有名"的基础条件。

(二)市场建设有力。产加销、贸工农一体化协调推进,特色主导产品市场供销稳定,市场主体创新能力强,管理机制健全,拥有较高影响力的农(林)产品区域公用品牌。

(三)推进措施务实。地方人民政府高度重视特色产业发展,在产业扶持政策、土地保障、金融支持、人才引进、价格机制和品牌创设等方面措施有力,取得较好成效。

（四）示范作用明显。在特色产业生产基地、加工基地、仓储物流基地、科技支撑体系、品牌与营销体系、质量控制体系等方面示范作用明显，具有较强带动作用。

（五）符合相关法律法规和国家政策要求。特色农产品种养要符合农业、森林、草原、环境保护、耕地保护和永久基本农田保护等法律法规，以及国土空间规划、产业发展等方面的政策要求。

第九条　中国特优区按照"地方人民政府自愿申报，省级农业农村、林草、发展改革委会同有关厅局组织推荐，农业农村部、国家林草局、国家发展改革委会同有关部门组织专家评估认定"的程序开展。申报主体和省级农业农村部门、林草部门按要求填写报送相关材料。

第十条　农业农村部、国家林草局会同有关部门成立中国特优区认定专家委员会，依据标准对各地申报材料进行评审，提出中国特优区认定建议名单。经农业农村部、国家林草局等部门同意后，公示中国特优区认定建议名单。公示无异议后，农业农村部、国家林草局、国家发展改革委会同有关部门发文认定。

第三章　组织与管理

第十一条　由农业农村部、国家林草局牵头负责中国特优区规划，制定有关政策。省级农业农村、林草部门牵头负责指导本省（区、市）中国特优区的建设，跟踪与监管运行情况。

第十二条　由农业农村部、国家林草局牵头负责中国特优区评价认定、组织管理及监测评估等工作。

第十三条　中国特优区认定专家委员会对中国特优区的创建、申报、认定、监测、评估等开展技术支撑和咨询论证。

第四章　监测和评估

第十四条　中国特优区实行"监测评估、动态管理"的管理机制。由农业农村部、国家林草局牵头负责中国特优区的监测和评估，省级农业农村、林草部门牵头负责跟踪与监管本地区中国特优区运行情况。

第十五条　建立中国特优区动态监测制度。中国特优区所在地人民政府组织农业农村、林草等相关部门，按照监测指标体系，采集、整理、报送有关数据，每年将中国特优区总结报告和监测数据于11月底前报送省级农业农村和林草部门。省级农业农村、林草部门于12月中旬前将审核后的总结报告及监测数据分别报送农业农村部、国家林草局。农业农村部、国家林草局牵头组织有关单位对中国特优区报送的数据和材料进行分析，发布发展报告。

第十六条　建立中国特优区综合评估制度，每四年评估一次。农业农村部、国家林草局牵头组织有关单位对中国特优区发展情况进行综合评估，对评估达标的中国特优区,继续保留资格。对评估不达标的中国特优区给予警示并限期整改,整改后仍不能达标的,撤销"中国特色农产品优势区"称号,并通过媒体予以公告。

第十七条 对特色主导产业非农化严重,特色品牌使用特别混乱,发生严重侵犯农民利益、重大生态环境破坏、重大生产安全和质量安全事件等情形的中国特优区,经农业农村部、国家林草局、国家发展改革委等部门联合研究,撤销已经认定的"中国特色农产品优势区"称号,且3年内不得再次申报。

第五章 附则

第十八条 中国特优区及申报中国特优区的地区应按要求如实提供有关材料,不得弄虚作假。如存在舞弊行为,一经查实,经农业农村部、国家林草局、国家发展改革委等部门联合研究,撤销已经认定的"中国特色农产品优势区"称号;未经认定的取消申报资格,3年内不得再行申报。

第十九条 本管理办法适用于中国特优区,各省、自治区、直辖市农业农村部门会同有关部门可根据本办法,制定省级特优区管理办法。

第二十条 本管理办法自公布之日起实施。

(资料来源:农业农村部网站)